法式幸福學

個人品味・感官愉悅・地方靈魂・思想辯證・工藝美學，造就法式幸福的祕密

作　　　者	多米妮可・巴侯（Dominique Barreau）& 呂克・米亞（Luc Millar）
譯　　　者	林幼嵐
執 行 長	陳蕙慧
總 編 輯	曹慧
主　　編	曹慧
美術設計	比比司設計工作室
行銷企畫	陳雅雯、尹子麟、張宜倩
社　　長	郭重興
發行人兼出版總監	曾大福
編輯出版	奇光出版／遠足文化事業股份有限公司 E-mail：lumieres@bookrep.com.tw 粉絲團：https://www.facebook.com/lumierespublishing
發　　行	遠足文化事業股份有限公司 http://www.bookrep.com.tw 23141新北市新店區民權路108-4號8樓 電話：（02）22181417 客服專線：0800-221029　傳真：（02）86671065 郵撥帳號：19504465 戶名：遠足文化事業股份有限公司
法律顧問	華洋法律事務所 蘇文生律師
印　　製	成陽印刷股份有限公司
初版一刷	2020年11月
初版二刷	2021年1月27日
定　　價	360元

歡迎團體訂購，另有優惠，請洽業務部（02）22181417分機1124、1135

圖片來源：123RF、shutterstock、Unsplash

Original French title: Le bonheur à la française

© 2019 Éditions Eyrolles, Paris, France

Chinese complex characters edition arranged through The Grayhawk Agency

Complex Chinese Translation copyright © 2020 by Lumières Publishing, a division of Walkers Cultural Enterprises, Ltd.

ALL RIGHTS RESERVED

國家圖書館出版品預行編目（CIP）資料

法式幸福學：個人品味・感官愉悅・地方靈魂・思想辯證・工藝美
學，造就法式幸福的祕密 / 多明妮可・巴侯(Dominique Barreau)，呂
克・米拉(Luc Millar)著；林幼嵐譯。-- 初版. --新北市：奇光出版 ：
遠足文化發行，2020.11
　面；　公分
ISBN 978-986-99274-4-4（平裝）

1.民族文化　2.社會生活　3.生活美學　4.法國
742.3　　　　　　　　　　　　　　　　　　109015899

線上讀者回函

Le bonheur à la française

法式幸福學

個人品味‧感官愉悅‧地方靈魂‧
思想辯證‧工藝美學，造就法式幸福的祕密

多米妮可‧巴侯　呂克‧米亞　著　林幼嵐 譯
DOMINIQUE BARREAU　LUC MILLAR

目次

前言

　　最近出國的時候，有位婦人問我們從哪裡來。法國，才剛說出這兩個字，她的雙眼就開始發亮。一幕幕景象開始絡繹不絕，名酒、露天咖啡座、迷人的商店、高級訂製服，還有盛開著薰衣草的普羅旺斯村莊；令人屏息的風景、傳奇作家、宏偉的城堡，以及讓人神魂顛倒的香水。

　　可是一提到法國人，她的臉色就稍微變了。成天抱怨、大言不慚、自我中心又愛說教。總之，法國人雖然有特別的魅力，但實在讓人受不了。我們一方面覺得放心，代表法國人的形象已經進化了——戴著貝蕾帽，腋下夾著一根長棍麵包整天遊蕩的型男形象，徹底成為過去式；可是另一方面，這種惡劣的性格又是怎麼回事？就好像衣服上的品牌標籤一樣，老是黏著法國人不放。

　　我們想要重現真相——這種看事情的角度雖不是全然錯誤，但也未免太誇張了。它不過是更複雜的真實中，那可見的一小部分而已；而且這個真相可比我們想像的好多了。這就是為什麼，法國仍然是充滿人生樂趣的國家。

巴黎蒙馬特Rue de l'Abreuvoir的美麗街景。➔

⊙ 塞納河畔獨有的舊書攤風情。

而且事實是：法國是全球第一名的旅遊目的地，甚至在2018年打破歷來的旅客人次紀錄[1]。然而，調查歐洲各國民眾幸福指數的研究卻顯示，法國人的幸福感僅位居第16名。

　　這個矛盾該怎麼解釋？理由是，法國是個特別風情萬種的國家，有享譽國際的美食、名酒和1200多種乳酪。值得一提的，還有醉人的神祕香水，以及工藝家的獨門祕方。法國不只是奢華，也有獨樹一幟的風格與精緻；別忘了我們還有那些陳年瓦石——城堡、紀念碑和歷史遺址所擁有的能量。各個區域迥然不同的景色，會讓我們覺得自己身在地球的另一端。最後，這趟旅程還要領略戲劇、電影和博物館所富含的精神，為我們在追尋意義上提供滋養。總之，當人們提到這個國家的時候，我們感覺到的是無窮無盡的芬芳、色彩與騷動，永遠都不可能圓滿地體驗。而她卻賦予了我們幸福所需的一切。

　　但還不只如此。除了感覺之外，還多了那麼一點小事，可以解釋為什麼你一說出「法國」這兩個字，大家的眼睛就開始發亮的原因。

　　當你漫步於大街小巷或露天市集、沿著海灘或面對山林沉思、在露天咖啡座看小說，又或是跟陌生人聊天對飲的時候，這小小的心靈補給，就是你體驗到自由的感受。只要伸出手，打開心，就得以享受這樣的愜意和無憂無慮，對世界敞開心胸；感覺所有願望都可能實現。生活突然進入了一個更和諧的次元，就好像地球所有的視野都在此呈現，就在我們面前。

　　這種感官歡愉與豐富感覺的融合所帶來的一切，我們稱為「法式幸福」。它隨處可見，任何人都能得到，要多少有多少。我們甚至還應該脫離原先的路線悠哉探索，迎向每個相遇——這些永遠不滿足的法國人常常忘記這麼做。幸好，已經有愈來愈多人重新發現，更能與其他人分享。

不列塔尼聖馬洛的海港一景。➡

法國印象派畫家雷諾瓦（Auguste Renoir）的世界名作《煎餅磨坊的舞會》（1876）完美表達出這樣輕鬆歡愉的氣氛。在這熱鬧的節慶畫面中，男男女女圍著桌子聊天、喝酒，愜意跳舞；這幅畫同時給人一種泰然又驚豔的感覺，將我們帶進一陣由動作、色彩與光線所組成的旋風中。從這一張張愉悅的臉龐以及沉浸在舞蹈中的身體上，我們感覺到的是生活的喜悅，是與眾人分享的那一刻的簡單幸福。不遠處有一對伴侶微笑地看著我們，彷彿是要邀請我們加入這場盛會。完全地活在當下這一刻，將自己融入在人生，並從生活最細微的差異中享受樂趣——在這世上，我們最想要的，不就是這些嗎？又或者這很單純地就是實現人生的關鍵呢？

　　我們邀請你踏上的旅程，就是法式生活藝術的核心。

---

1 編按：2019年旅遊法國的人次超過8900萬。

Chapitre 1
Le goût des autres
眾人的品味

 在巴黎皇家宮殿前，紀念舞蹈大師巴古葉（Dominique Bagouet）的快閃族。

班機降落在戴高樂機場，你的夢想終於實現：你現在人在法國！輪到你來巴黎了！巴黎鐵塔、羅浮宮、香榭大道和紅磨坊！你彷彿置身天堂！

　　但很不幸，巴黎聯外快鐵RER在罷工，只好叫計程車。在你等了一小時，被十個人插隊之後，終於有個司機垂顧，注意到你，把你的行李丟進後車廂，然後出發！他不停咒罵其他駕駛，卻邊對你說巴黎是全世界最美的城市，除了法國之外，沒有哪個國家值得旅行的舟車勞頓。抵達目的地後，司機把行李堆在人行道上就走了，連一句謝謝或再見都沒說。到了旅館，冷漠有禮的接待人員告訴你，已經為你準備好舒適的客房了。雖說是舒適的房間，但你看到的卻是藏身在七樓的神祕陋室，簡直跟冰箱一樣熱情。這種價格的旅館居然沒有電梯，你看看！幸好，屋頂看出去的景色絕佳——打開窗戶，歡迎你的卻是鑽孔機震耳欲聾的噪音。

　　經過長途跋涉之後，你覺得有點餓，到櫃檯請接待人員推薦好吃的餐廳。他在講電話，連中斷一下談話的意思都沒有，隨便擺了一下手，嘟噥著告訴你一個地址。沒關係，那你就去冒險，只要避開滿地狗屎和與你驚險擦身而過的機車外送員，就沒問題了。你落腳在一家小店，態度很差的店員把菜單丟在桌上，等你數著滿布在餐巾紙上的油漬髒污一小時後，才上了一盤有點冷掉的菜，帳單上的價格令人瞠目結舌。但不管怎樣，登上巴黎鐵塔的頂端是你的夢想之一，你還是會實現的！可惜那裡的工作人員也在罷工，而且不用說，在你停留巴黎的這段期間，都會一直持續。你待了一個星期後離開，帶走的是各式各樣難堪至極的回憶。

一個
分享交流
的地方

嗯，在前面幾段，我們已經看完一輪所有關於法國和法國人的老哏了。雖然我們聽到這些事，會說：「本來就是這樣啊！」

⬇ 巴黎蒙馬特的街頭畫家。

但現在來看看真實情況如何——當然，現實生活中的法國明明就友善多了，跟我們剛剛說的天差地遠。可以想像，要是每年還有8000萬人來到這裡，絕對不是為了要重複剛剛那個可憐遊客的悲慘經歷。就是因為法國是個充滿生活情趣的國家，才會有這麼多人從世界各地前來探索；而且，人們到了法國，最先體會到的幾件事之一就是歡迎的招呼，跟我們常常拿出來開玩笑的相反。無論我們做什麼或去到哪裡，總會有人笑臉迎人地致意，說聲「你好！Bonjour」……前提當然是你自己也笑顏以對！因為法國人有一種習性，就是我們不想潑別人冷水。這樣的性格算低劣嗎？其實一切都是觀點的問題，法國人認為自己非常有分寸。你可以隨心所欲地和他們

⬆ 滑雪勝地霞慕尼（Chamonix）境內覆滿白雪的白朗峰。

⬆ 亞爾薩斯的葡萄酒鄉。

唱反調，他們最喜歡討論，有美酒當前的話就更好了。

　　基本上，看看這段旅程的楔子，它只要我們記得一件事：抵達法國，就是混入法國人之中。這意謂著融入一個豐富多元的6500萬人團體，他們喜歡分享美味的一餐，在街上閒逛，什麼大事小事都能討論，在爆笑兩聲的時候改變世界。總之，這群熱愛美好人生的男男女女，向來樂於分享這些美妙時刻。無論你是在旅程中，或是在生活的其他時候，都會感受到一股充實的體驗，只要你敞開心胸，體會到的法式幸福絕對令你難以忘懷。

　　在法國，這往往意謂著和其他人交流，比較一下自己和別人的想法，傳達感受。法國人的確將社交的藝術發揮得淋漓盡致，這深植在他們的基因裡，而不是一種故意或精打細算過的行為。只要開始對話，海鮮小餐廳的老闆就會和你分享漁業最新消息；有抱負的作家談論他未完成的手稿，還有以巴紐風格²說話的麵包師傅，跟你聊他的麵包。人們相遇，自我介紹，然後生活就好像躍升到另一種視野，彷

佛一切都有可能。這就是為什麼有這麼多遊客在回想法國行時，除了大自然景點的壯觀、華美的古蹟和出色的餐點之外，他們仍然保留著的，還有令人著迷的回憶——因為他們不是過客，而是參與分享的一份子。

法式幸福不只局限在讓人心曠神怡的地點，也不僅是多少已經算約定俗成的儀式；它是對人生所有細微的差異敞開心胸，享受生活。這段旅程存在於人的內在與生活的美好之間；在於我們的感受，以及讓我們感覺良好的事物之間——它是一段我們能夠自由選擇的旅程。

這個國家得天獨厚的地方在於她的多樣性，每個地區都有自己的文化與待客傳統。你會和北方人在里爾（Lille）的舊貨市集一起喝杯啤酒，普羅旺斯的職人會在市場攤位讓你品嘗他們的獨家口味，再加上巴黎的藝術家、不列塔尼豪放不羈的水手、亞爾薩斯的葡萄農、還有薩瓦（Savoie）的滑雪教練，充滿包羅萬象的喜好和感受。不管你身在何處，都會感覺自己認識了一個全新的社群，主動與你分享他們的故事和喜悅，有時甚至會透露他們的祕密。法國人代表的，就是法國的風情萬千。

總之，法國是充滿「物欲感受」的國家，這和它的歷史文化一脈相連。一嘗到佳餚，就要開聊美食。大家也可以討論文學，但手裡得先有一本書。沿著山中的健行步道前進，我們就能傾慕山林。這一切都呈現在你面前，垂手可得，隨時準備好讓人細細品味……而且一定少不了熱心人士給你建議。這不是天堂，什麼才是天堂呢……

---

2 譯註：巴紐（Marcel Pagnol，1895-1974）生於法國南部，年幼時舉家遷居馬賽，為法國作家，專著小說與劇作，也拍攝電影。因為在南部成長，巴紐對普羅旺斯的著墨令讀者神往，能夠感同身受；他的作品風格自然、樸實，也流露出對過去美好時光的懷舊。由於經歷兩次世界大戰，與巴紐同年代的作家所著的文學作品，大多反映戰爭的悲慘，與人類的孤寂、絕望。但巴紐卻是少數幾個願意提醒讀者「人生非常美麗，也還算快樂」的作家之一，是一個屬於普羅大眾的平民作家。著有《爸爸的榮耀》和《媽媽的城堡》等。

沙文主義退場，迎接親切善意

天 堂？事情才沒這麼簡單。一談到他們的國家，法國人毫不猶豫就開始批評起來，他們有多愛發牢騷就不用多說了。

如果你想看生動有趣的範例，就去讀一下阿斯泰利克斯的故事吧：戈西尼和烏德佐以精湛的藝術，用幽默巧妙的手法，描繪出法國人的精神與思想。不過，連外國人對各自的國家都會稍微有所保留了，那麼抬頭挺胸發出響亮叫聲、傲視群雄的高盧公雞當然也是如此。這就是我們在本書的前言所提到的矛盾。

法國人偶爾會看不見日常生活的美好與滋味。他們傾向注意自己缺少什麼，卻常忽視周遭的富饒，因而養成了人盡皆知的壞脾氣。然而這幾年來，我們也注意到一個轉變：愈來愈多人拒絕灰黯的一面，決定正向看待事情，有時是獨自一人，但更常是幾個人一起攜手面對。

是不是只要提到法國人，這種吹噓和自滿的名聲總是流傳千里？這只是一種概念嗎？還是假消息？我們必須坦承，表面光彩的事物也

譯註：阿斯泰利克斯（Astérix）為法國系列漫畫《高盧英雄傳》（Astérix le Gaulois）的主角，由編劇家戈西尼（René Goscinny，1926-1977）和漫畫家烏德佐（Albert Uderzo，1927-2020）共同創作，講述在公元前50年，唯一未被羅馬軍隊攻克的高盧村莊中，高盧勇士們仰賴神奇藥水對付羅馬軍隊的幽默故事。

← 巴黎露天咖啡座。

有看不見的缺點。畢竟我們住在一個應有盡有的地方，充滿文化與美食、悠久的**歷史**與偉人，更是法國大革命和《人權和公民權宣言》的起源地；因此有時候，人們會傾向有點……誇大地把這些優點歸因於自己。

　　法國是美麗的國家？許多人都這麼說。那麼，她是全世界最美的國家嗎？呃，也算是吧，不過世上還有其他很多「全世界最美」的國家。全世界最美的國家，就是我們以充滿愛的眼神凝視的地方；別的地方也存在著出色的人物。這全都是因為觀點不同：為了一個傑出的哲學家或科學家，有多少將軍把歐洲搞得烽火連天腥風血雨？才不過多久以前，光是提到法國，就讓大部分歐洲國家都肅然起敬。狡點的魅力和言談之間的高深莫測，向來就不只是專屬於法國人的特徵。還差得遠呢！

　　事實上，這種長久以來與「法國製造」的標籤如影隨形的沙文主義傾向，在近幾十年來，已經變得模糊不清。全球化產生正面的影響，愈來愈多遊客因此得以邁步走遍法國，也讓法國人終於意識到「法國不是全宇宙的中心」——沒錯，在1980年代，這件事他們根本想都沒想過。這個認知有益身心健康，讓這個美麗國家的居民熱心待客，並敞開胸懷迎向其他視野；甚至，這個認知在法國人之間也引發正面效應：各種協會、市民組織、開放日和其他鄰居節[4]的清單，根本列也列不完。有些國家生產石油，法國則是發展社交；要認識新朋友再簡單不過，只要走出家門就好。不管有些煩躁易怒的人怎麼說，「博愛」這個詞放在我們共和國的口號裡，不是沒有原因的，我們也更有機會發揮寬容大度的精神。只是，在這個人們傾向用崇高的

---

4 譯註：1999年始於法國，定於每年5月的最後一個週二。

角度來檢視一切的國家中，日常生活可見的博愛精神還比在公務機關
實踐的多。

　　那好心與善意呢？這是今日法國愈來愈常見的特質，順帶解釋了
法國在全世界激發的好感，以及身為法國人真正的自豪。如果2000年
後的法國有什麼改變的話，就是它了：我們意識到，透過培養傾聽別
人的聲音，才能觸及法國最富庶的豐饒，也才能夠創造最多的分享。

　　但具體來說，這種能讓我們對自己、也對其他人產生好感的社
交生活，要怎樣才接觸得到呢？雖然只要仔細看，就會發現它無所
不在；不過，最簡單的方式，還是跟我們到這個貨真價實的法式所
在──餐酒館（le bistrot）。

巴黎孚日廣場。

餐酒館，生活的體現

你注意到了嗎？只要好萊塢電影想重現巴黎的場景，餐酒館的露天咖啡座就會出現在銀幕上……再加上一點手風琴伴奏，讓巴黎的特徵明顯一點。

可能該是時候讓我們的美國朋友知道一下，彌賽特舞會[5]在Youtube上已經沒人要看了。反而是餐酒館，不管在巴黎或是法國任何城鎮，都仍是一個必然會遇上的地點。就是在這裡，人們才會有最貼近法式生活藝術的感覺。為什麼？

最重要的是，因為它是生活的場所。人們去那裡不只是為了喝飲料；不管是跟朋友聊天、讀本好書、沉思流逝的時光，甚至是獨自或和同事一起工作，它都是完美的地點。某方面來說，這是一個什麼事都可能發生的地方。我們也許將在那裡遇上一生的摯愛，和陌生人聊聊自己的計畫；或是花點時間，愉快地聽搖滾樂團表演。甚至還有人說知名作家西默農[6]，就是在露天咖啡座一口氣寫完梅格雷探長的！這位知名探長在把手肘靠在吧台上的時候，解決了無數難題。說到梅格雷，就是會立刻聯想到於霧彌漫的餐酒館、被雨浸濕的風衣，以及遺落在桌上的啤酒杯。沒錯，在很多法國人和外國遊客的想像中，在這類場所推理解謎顯然是很受歡迎的活動！

> **你知道嗎？**
>
> 餐酒館（bistrot）這個字的來源是俄語的「bistro」，意思是「快點」。它的使用源自1814年，俄國軍隊占領巴黎時；士兵執勤時因為不能喝酒，怕在酒吧遇見長官，所以會大呼小叫「快點，快點！」來催促上酒。

酒吧（le troquet，是比較通俗的用語）是非常適合相遇與分享的地方。法國的多元性充滿魅力也饒富趣味，想要接觸她的多元，再也沒有其他地方比酒吧更加完美了。在吧台喝一小杯黑咖啡，來點美味的白酒，然後開始聊天，你會遇到中午休息的上班族、作家（與未來的作家）、大學生，或是悠哉過生活的人。這是向人群及迷人的邂逅敞開心胸的時刻……但當然不能喝得太超過。你可以說真心話，與人交流想法、回憶、辯論，或是虛構另一個世界……談話內容偶爾很深奧，可有時候也會很無聊、有趣、懷舊或激動……完全是不可預期的。在巴黎或外省的餐酒館，有多少命運就此改寫？這裡是最能擺脫精英主義、最人性化的地方。想想聖日耳曼德佩區的酒館中的咆勃爵士樂團、激昂的舞者、存在主義；維昂 和沙特就著酒杯閒聊……要

譯註：彌賽特舞會（le bal musette）源於19世紀初，巴黎的巴士底一帶，有些外來移民靠演奏音樂維生。義大利移民彈奏手風琴，來自法國奧維涅（Auvergne）地區的人民則擅長風笛，組成樂隊四處伴奏，廣受歡迎；彌賽特即為風笛之意。

譯註：西默農（Georges Simenon，1903-1989），出生於比利時的法文作家，以梅格雷探長（Commissaire Maigret）為主角，在1931至72年間，創作一系列75本的偵探小說。西默農一生著作超過450本，是20世紀最多產的作家之一。

譯註：維昂（Boris Vian，1920-1959），法國作家、詩人、音樂家暨評論家，對法國爵士樂發展影響甚鉅。著有《泡沫人生》等。

是沒有這樣的餐酒館，還有哪個地方能匯聚這麼多天才和命運的交會？

　　鄉鎮中的咖啡店有個典型的現象，就是老闆和熟客之間建立的熟悉感，大家最後都會變成一家人。在那裡，有人傾聽，有人獲得慰藉。吧台後面常貼著熟客旅遊時寄來的紀念明信片，就像和老家保持聯繫一樣，這裡已經成為他們的支柱。早在有Facebook之前，這個認識新朋友的地方幾乎就是最早的社群網絡了。在法國，友誼往往從桌角萌生，不管桌巾是不是格紋圖樣。

　　啊，餐酒館那種歷盡滄桑的魔力啊！這就是它們為何得以屹立不搖。這不是什麼老調牙的說法：幾乎每一間咖啡館都有些許獨特之處，即使藏身在成千上萬家裡，也能讓它的氛圍清晰可辨——也許是1960年代的老招牌、聽見無數對話的美耐板餐桌、閃閃發亮的鉻金屬咖啡機，或是有型的獨腳小圓桌，即使桌面只夠放兩個盤子和一壺水，人們也絕不願用世上其他東西取而代之。這種經過時光浸潤的溫柔感覺，牽引著我們回到覺得備受庇護的過去，是一種在咖啡館、巴黎小茶館或小鎮飲料店，時常體驗得到的獨特感受。即使是最時髦的酒吧，也會帶有一絲個人風格或在地擺設、設計裝潢的細節，賦予它們絕無僅有的印記。

　　還有另一種感覺，我們不見得會立刻辨認出來——那些模仿不來的嘈雜聲音，只要我們張開耳朵仔細聽，就會被深深打動。這些特別且辨識度高的聲響，刻劃出小酒館的生活韻律。它是個交流的地方，桌邊總有此起彼落的對話，服務生也中氣十足地高聲點菜：「法式魔鬼蛋一份，主廚沙拉一份，紅酒半杯！」櫥窗的另一側則有車流經過的聲音；叮叮作響的服務鈴，再加上茶匙輕敲著咖啡杯緣的清脆聲。這個由聲響組成的世界彷彿氣泡般環繞、包圍並保護著我們，無

↑ 巴黎街頭隨處可見的餐酒館咖啡座。

數的法國人來到吧台找尋的，就是確保人們在日常生活的喧囂中，能求得一刻暫停的世界。

最重要的是，餐酒館充滿香氣四溢的料理、挑逗著嗅覺的佳釀芬芳，和與你擦身而過又瞬間消逝的女人香氣……這些香味混合在一起，卻不會相互排斥；渾然一體，卻不失各自的特色。因此，這裡也是各種獨特性得以自我表達並互相交流的所在。然而，這裡也是平靜的避風港，你能在此找到片刻寧靜，獨自和一本書，或一張空白的紙頁共處。它永遠是最可靠的場所——特別是因為走兩步就到得了——讓人人都能完全體驗個人的自由。

在法國，餐酒館就是生活的體現。

鄉鎮
的節慶

「**法**國人嗎？他們喜歡被眾人圍繞，而且得要他們是唯一有
權說話的人。」一個保加利亞朋友半開玩笑、半不以為
然地說。

　　法國人自我中心嗎？若要給個諾曼地式的回答，那麼可以說對，
也可以說不對。事實上，這種刷存在感的傾向，和個人對社交的需求
息息相關。我們已經知道法國人需要與人接觸，然而，還是窩在小圈
圈裡，也就是所謂的「人對了」的時候，最能讓他們感覺自在。因為
信任，才讓他們能夠誠摯向他人敞開內心；否則，他們會覺得自己必
須「演戲」，用談話和軼事填補空白，甚至可能讓聊天對象或仰慕者
覺得尷尬。

　　那麼，他們在某個場合可以這麼有自信，卻也同時隨和得令人困
惑，這樣的能力是從哪來的呢？原來是因為，法國人幾乎生來就具有
「城鎮」的印記，在這個小社群中，大家都互相認識，彼此的交流也
因為熟悉彼此而更為順暢。所以，不管什麼場合都很值得歡欣慶祝。
當然，聚在一起這件事才是重點，比餐桌上杯盤的數量要重要多了。
但要是歡慶相聚的時候，有一些小零嘴可以取用，還能品嘗一瓶好酒
的話，那就更好了。

　　這就是為什麼，露天市集不只是最受外國觀光客好評的「旅遊景
點」而已，也是許多法國人每個禮拜十分重視的時刻。在法國的小市

位於濱海阿爾卑斯省（Alpes-Maritimes）的尼斯花市。→

這就是法式生活！

要舉個例子嗎？那就到盛夏時節的普羅旺斯市集去吧。感覺一下美食的香氣，原始粗獷的烤肉味，還有燉菜裡傳出陣陣撲鼻的大蒜和橄欖香氣。你會在隔壁的香料攤發現各種層次的味道，再過去一點則是薰衣草皂的香氛。接著，再走到販賣美麗皮包的皮製品攤位；還有在地葡萄小農、手工乳酪、果農、菜農和麵包師傅……豐沛的感官刺激彌漫在你的四周，不但一點都不刺鼻，反而總是令人陶醉。更棒的是，他們還會邀你嘗嘗這些健康的產品；而市集因為注重食物的品質，當然也愈來愈繁榮。

鎮中，訪客最先獲得的資訊之一就是市集日──這顯然不是巧合。市集，就是由遇見美食、接觸人群及發現新事物交織而成。再說一次，這些都是觸手可及的！你只需要悠哉開逛，豎起耳朵，張大眼睛，去感覺、品嘗與觸摸……總之，就是讓自己沉浸在這瞬息萬變的精緻感官之流中。

但如果你沒和小販對話過，這種體驗就不算完整，因為這才是逛市集的精髓。老闆會向你吹噓他的火腿或乳酪，熱情地讓你試吃，拿出你連名字都叫不出的特產；遇上這些可能會讓你心滿意足五分鐘、一小時、一天……甚至一輩子的在地產品，我敢說你無法空手而回。老闆當然會稍微加油添醋，燦笑著告訴你方圓百里內找不到更好的香腸了。但會怎樣嗎？那也是當下的魔力。放空自己去跟隨，比較一下有什麼不同的感覺，也可以和旁人聊聊天。聽聽菜販的叫賣、顧客的回應，還有小孩的笑聲。這一連串的獨特時刻，串連起一場不會重複的戲劇演出，即興創作就是規則。如果有哪個地方能讓「悠哉享受生

活」這句話發揮得淋漓盡致,那一定就是市集了!

　　不管你人在哪個地區,遇上節慶活動的機會都很大。我們已經說過了,法國十分致力於維繫社交情誼。這絕對是真的,從某方面來說,節慶就像是一種收穫的日子,風格與喜好各式各樣,什麼名堂都可以拿來當成理由:發揚國家傳統、紀念歷史事件、音樂活動、慶祝某個烹飪習俗等,更常常攪雜在一起,相輔相成。

⊙ 普羅旺斯露天市集的橄欖攤位。

⬆ 普羅旺斯一處廣場的露天市集。

這就是法式生活！

需要建議嗎？我推薦你到隱身於巴黎聖日耳曼德佩區的伽奈特街（rue de Canettes）逛一圈，就在聖許畢斯廣場（place Saint-Sulpice）旁邊，去欣賞那蘊含著豐富軼事的古老建築門面、餐廳的招牌，還有紀念品店。觀察互打招呼的行人，因為這些塞納河岸邊居民大都互相認識。別忘了在喬治廚房（Chez Georges）這間不起眼的餐酒館停留一下，裡面有幾張桌子、因為年代古老而褪色的吧台、牆上裝飾的照片，還有待客親切的老闆。不管你住的地方只隔兩條街遠，還是從世界的另一端遠道而來，都會立刻感到放鬆。為什麼？當然是因為這些地點並不「完美」──桌子有刮痕，外牆的歷史應該可以追溯到1950年代，吧台上更留下數不清的杯子擺放過的痕跡。我們不是想擺譜：因為我們本色如此，無需賣弄。熟客分享他們的一天，學生在這裡下棋，一位老先生邊啜飲著咖啡邊看報紙。我們會以為自己身在城裡歷史最悠久的幾家咖啡館裡，時間的足跡比較緩慢，也比較輕柔。生活再次成為簡單的樂趣，明天又是新的一天；你可以舒適地坐在自己的位子上，專心讀著海明威的小說：《流動的饗宴：海明威巴黎回憶錄》（1964）[8]。

無論何時何地，只要我們身處法國，她的文化豐富到人們可以花一輩子的時間來慶祝。你的一年可以用芒通的檸檬節[9]開場，別忘了順便去一下隔壁尼斯的嘉年華；到聖馬洛的「陌生旅者」旅行文學節[10]展覽欣賞文學與電影，再前往巴斯克地區的鬥牛節，參加各式各樣的夏季音樂盛會。緊接著是9月里爾的舊貨市集、10月的巴黎白晝之夜和11月的坎城舞蹈節，最後再用里昂燈節和史特拉斯堡的耶誕市集，為這一年畫上美麗的句點。而且我們現在說到的，是只有極小部

分按月舉行的節慶；法國很幸運，擁有這麼包羅萬象的傳統，也有本事發揚光大；但對遊客、我們的精力、內心和味蕾來說，只是更多的選擇障礙而已。

　　當然，小鎮裡的活動是最朝氣蓬勃的。在那裡，我們才能確實感覺到人們真正的性格，還有將他們凝結起來的那股力量。大家把爭執拋諸腦後，笑談彼此不合的地方，一起向生活舉杯。閒話家常有時候什麼好處都沒有？是啊。但那是休息的時刻；我們浪費了一點時間獲得平靜，但這對我們是有益的，就是這樣。這些時刻不可或缺，無論如何都不該放過。

　　然而，令外國遊客吃驚的是，這種「小鎮」的氣氛，在大城市裡也找得到。那裡也有市集，而且對社區生活來說也非常重要。若你想眼見為憑，就散步到位於巴黎拉丁區的穆浮塔街（rue Mouffetard）市集去看看吧。商販的叫賣聲、朝氣十足的對話，還有附近的餐酒館在餐前酒間傳出的討論聲──這裡彷彿是個小鎮，身在首都市中心也一樣隨性自在。在某些地方，例如13區的鵪鶉之丘（la Butte-aux-Cailles），人們有時會感覺時光停止，隨時都可能碰上舊識。

8 譯註：《流動的饗宴：海明威巴黎回憶錄》（*A Moveable Feast*）為海明威（1899-1961）所著，講述海明威在1920年代，放棄記者的工作，出走巴黎寫作的生活點滴。本書於海明威過世後才在美國問世，法文版也在同年的1964年由Gallimard出版社推出；中文版則由時報出版於2008年出版。

9 譯註：芒通（Menton）是位於法國東南部的沿海城鎮，緊鄰蔚藍海岸上的尼斯與摩納哥，盛產檸檬，是歐洲檸檬的最大產地。每年2至3月，為慶祝檸檬豐收，會舉辦為期三週的盛大節慶，至今已連續舉辦將近90年，每年約可吸引24萬名遊客。

10 譯註：聖馬洛（Saint-Malo）的陌生旅者旅行文學節（Festival du livre et du film Étonnants Voyageurs）創始於1990年，於每年5月底6月初舉辦，展出世界各地包含亞洲、拉丁美洲及非洲的旅行文學、音樂、電影等，更有朗讀會、咖啡文學論壇等活動，每年吸引的遊客約六萬人。

民宿，
居所和
微笑

法國喜歡浩大的聲勢和排場，這是她外顯的一面。因此，法國的市鎮數量仍然保持全球第一的紀錄：若將海外領地[11]也納入的話，就有超過三萬五千個市鎮。

其中有些很大，有些則只有少數居民。但無論如何，這個數字還是很驚人。

不過，其他數字也會說話，同樣顯而易見：法國有超過六萬家整棟莊園或單間出租的民宿，等於平均每市鎮就有兩個。不管人到哪裡，在當地民居找到住宿輕而易舉。這種探索法國的方式愈來愈受遊客歡迎，無論是法國人還是外國人。這是在趕流行嗎？才不只如此。不管是莊園或民宿，每個住宿地點都是一個小小世界，也各自帶有反映主人樣貌的故事。

再強調一次，法國的多采多姿毋庸置疑：你可以在水岸邊的駁船上度過一夜，也可以在中央高地深處的老農莊住一個禮拜，居住期間

---

11 譯註：法國有12個海外領地，繼承自原先的法蘭西殖民帝國，分布於南美洲、大洋洲、南極洲及印度洋，包含馬丁尼克、瓜德洛普、法屬圭亞那、留尼旺、馬約特（Mayotte）、聖皮耶和米克隆島（Saint-Pierre-et-Miquelon）、聖巴瑟（Saint-Barthélemy）、聖馬丁、瓦利斯群島和富圖納群島（Wallis-et-Futuna）及法屬玻里尼西亞，再加上特殊行政單位——新克里多尼亞。

巴黎的美麗街景。➡

法國中部奧維涅的多姆山。

這就是法式生活！

在這些地方，我們偶爾會遇上令人嘖嘖稱奇的人物。要聽個小故事嗎？某個夏天，我們住在羅蘭家裡。他很了不起，16歲就在麵包店當學徒，很快就自己創業。幾年後，他在自己那區經營了三家麵包店。到了50歲，他擁有和樂的家庭、豪華的房子，還有轎車和重機……人生已經圓滿，夫復何求！他卻總覺得老在原地打轉。結果羅蘭做了什麼？他和妻子離開家鄉，去……中國，開了一家麵包店！當然囉，他一句廣東話都不會説。但他天生就容易與人交往，人也蠻機伶的，充滿熱忱，就這樣在上海有了事業。法國美食的名聲可不只是個傳説，幾個月後，等著品嘗他的可頌和巧克力麵包的客人大排長龍，他們家的蛋糕在整個地區聲名大噪，成就又再次張開雙臂迎接他。可惜的是，他因為一些個人因素，必須返回法國，中國夢也因此突然結束。這就是故事的結局嗎？當然不可能——對羅蘭來説，失敗從來都不是錯誤，而是經驗。就是因為這樣，他和妻子決定把家裡的部分空間改裝成民宿。這樣他就可以自己種菜，還在當地的搖滾樂團擔任鼓手；而他最喜歡做的事，就是親手為客人烤幾個披薩。

就在健行步道上長途行軍，又或是懶洋洋地癱在泳池旁。你會發現擺滿航海儀器，或是貼滿舊海報的房間。有些屋子的房間，則讓人想起格林童話，或是在地的傳統。但不管它們提供的是哪種規格的服務，你去到的地方，都是有靈魂的；室內的陳設布置，就是主人的倒影。你可以在平靜的氣氛下，放下行李，喘一口氣。

在民宿裡，你將發現法國最隱密的一面，因為你是深入內部，才開始體驗如此真實的生活藝術。你所接觸到的根源，是這些法國獨家的愜意感覺，結合了感官與精緻的愉悅。這通常和民宿主人的特質有

關，房子會帶有他的特殊印記與故事。而且，這種特別的情境有助於建立關係，談話更加自由，感覺無拘無束。因為其他房客也都會同桌吃早餐，要認識大家非常容易，對話就此開始。

有些地方則是能長久烙印在記憶深處。奧維涅（Auvergne）有一處寬敞美麗的莊園，女主人在她的畫室接待旅人；在卡西斯（Cassis）的某間房子，遊客能在有遮蔭的陽台享用早餐，一面遠眺無邊無際的地中海。在諾曼地中心的一個小古堡中，爐火在煙囪裡劈啪作響；還有迎面就是日落照耀著山脊的上普羅旺斯莊園。簡單、自然且壯麗。這些旅宿地點，往往都能讓訪客重新找回他們的根，並重新建立連結。

時常有人來訪，通常就表示會胖個一兩公斤，這是我們法國人所謂「享受美好事物」的時刻。而沒有品嘗美食就算不上接待遊客，佳餚因而成為當地特產非常重要的一部分，令人難以抗拒。我敢說根本不可能！不過，在週末或一整個禮拜的時間，能夠毫無罪惡感地享樂，也是一種法式幸福。

在民宿會遇到的，就是這類的住宿經驗。藉由和美好的人們相遇，我們得以重振精神，接觸到最深刻的人性。我們與真正的價值、喜悅、分享以及慷慨，重新建立連結，心滿意足地再出發，更棒的是臉上還掛著微笑！

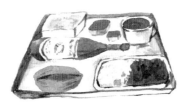

與「家人」
一起
上桌開動

2010年，在聯合國教科文組織的支持下，法國美食成為人類的非物質文化遺產。

　　這真是個大好時機，讓法國公雞發出振奮人心的勝利鳴叫；尤其，這等於認可了「法國之所以為法國」的獨特性——當感官愉悅遇上分享。官方文件是怎麼說的呢？上面寫著：「法國美食就是社會的日常習俗，目的在於慶祝個人和群體生活中，最重要的那些時刻，像是新生命的誕生、結婚、生日，達成某些成就，以及重逢再聚。它是歡慶的盛宴，讓同宴席的賓客，得以在此實踐『吃好喝好』的藝術。」

　　我們可以看到，在純粹的美食或物質層面之外，聯合國教科文組織也認可「法國製造」熱愛社交的獨有文化特質：聚餐不只是所有人圍坐在一張華麗的桌前品嘗美食佳釀而已，更是最能構築群體生活的方式，營造出共同的社群，來尊重且包容每個個體的不同感受與品味——更別說前述的物質有多精緻了！有智者曾經說過，「整體大於部分之和」：人們的交流，宴席的食材，再加上讓這些參與其中的心智與靈魂都得以尋回意義的願望。

　　在法國，家族聚餐有悠久的傳統。在這理想的相聚時刻，人們聊

　　紅酒、各式乳酪搭配麵包，就是簡單美味的一餐。

聊自己或他人，交流感想，傾訴快樂、痛苦或害怕的事，也表現自己的溫柔體貼；偶爾也可能會爭辯個沒完沒了（這是法國文化的特色，有時很令人氣惱，我們稍後會再提到）。人人各自用餐，等於剝奪了分享的幸福。優質美好的生活，就在於烹調多人份的餐點，大家一起品嘗。

這就是為什麼，所謂的家庭應該具有更廣泛的意涵：除了家庭單位，也該把朋友算進去。即使是不太熟的人、朋友的朋友，我們都能趁著聚餐的機會更深入認識。光是分食麵包和舉杯這件事，就已經創造了獨一無二、獨尊人性的時刻。甚至還要再加上……鄰居！

你知道嗎？

鄰居節現在已經變成歐洲鄰居日（Journée européenne des voisins），在歐洲超過150個城市舉行。全球至少36個國家共襄盛舉，包括加拿大、土耳其與亞塞拜然；2009年起正式由歐洲議會贊助。

　　因為你想像一下，在1990年代，法國就已經是鄰居節（la Fête des voisins）這個創舉的發源地了——不過一如既往，懷疑論者和吃不到葡萄說葡萄酸的人都會冷笑一聲，但它還真的發揚到全世界。沒錯！這個傳統就是在法國問世的，每年5月底，所有的居民，不管大城還是小城，都會邀鄰居來分享小菜。不用端出什麼頂級美食或特選酒莊，只要一塊水果塔、洛林鄉村鹹派、一點乳酪和火腿、幾種水果和一瓶好酒，就很夠好好慶祝了；真正的目的是認識左鄰右舍，或是你每天晚上都在電梯前遇到，卻連一句話都不敢說的人。法國也存在著沒沒無聞、疏離感和被遺棄的感覺，城市愈大，孤寂感愈是無所不在。但是，若大家願意抬起集中在自己鞋子上的目光，環顧一下四周，我們就會發現，其他人渴望的，也不過只是聊一聊或互相幫忙而已。答案就是這麼簡單：一頓大餐！總之，家人是我們伸出雙臂的對象；要是伸手時還能順便幫他們帶上一杯香檳，那就更好了。

家族聚餐，共同享用午宴。

Chapitre 2

Le plaisir des sens

感官的愉悅

香味濃郁的杏仁蛋白糕點——馬卡龍，口感滑順，嘗得到顆粒。

「**那**裡一切井然有序，美好和諧，
奢華，寧靜，令人陶醉。」

　　詩人波特萊爾（Charles Baudelaire）的這兩句詩，說的不知道是
不是法國。但我們似乎可以肯定，寫得出這種完美排列短句的作者，
他的出身只可能來自感官欲望並非空談的文化。玩味這兩句詩的感覺
就彷彿大口咬下滋味醇厚的水果，就像吸取盛開滿溢的花香。

　　光是這首詩的名字〈邀遊〉，就已經總結了在波特萊爾所憧憬的
美妙世界中，讓他神采奕奕的是什麼？對波特萊爾來說，享受人生，
就是在感官世界中自由邀遊。

當「法國」
與「感官的愉悦」
互相唱合

只要我們說出「法國」這兩個字,影像就如同由味覺、視覺與嗅覺所組成的喧騰舞曲般,倏地湧現。

　　香氣四溢的菜餚、醉人的佳釀、令人驚豔的香氛,還有設計師服飾……說到法國,就能讓人閉上雙眼細細品味,她彷彿絲綢般從手指間輕輕滑過,更散發出薰衣草與玫瑰的芳香。她的風采五花八門,所以若想去感受這個擁有許多居民和遊客的國家,可以透過許多不同的方式。

　　因為,法國提供形形色色的愉悦,每個人都能找到自己要的。無論個人的嗜好有多麼光怪陸離、不論貧富,法國都應有盡有,不勝枚舉。即使你只是在一家不起眼的小餐館,也能體驗法式生活藝術,為它的美味佳餚或獨家食譜而心花怒放。只要我們決定啟程,就能開始探索,給自己機會去嘗試;不過我們的活動空間終究有限——法國的面積還比德州小!可是看看她有多富饒,傳統也如此多元!想像一下從一大盤生蠔到鵝肝、什錦砂鍋到亞爾薩斯酸菜,再從香煎鱈魚到馬賽魚湯的幸福美食之旅!更別提波爾多酒的愛好者、時尚設計迷和古董收藏家了,他們的感官將受到源源不絕的啟發。這往往會在外國遊客身上引發效應,因為包羅萬象而眼花撩亂。

◀ 迷人的度假海灘。

不過，豐饒不見得就是厭膩。若我們想了解，隱藏在這生活藝術中的是什麼的話，這個微妙的差異非常重要：這些感覺既深刻又細微，既不膚淺，也不會以招搖炫耀的樣子表現。相反地，「法蘭西**感受**」精美、細膩，有自己的價值。它的目的不在於引起人們的強烈感受，而是在誘惑；不是在強迫，而在於征服。你品嘗的美食美酒、在手腕抹上的香水，還有襯托你氣質的洋裝，它們從來都不是花俏濃**豔**，但最後還是能帶給你做自己的感覺，成為獨一無二的人並完整表達自己，就是這樣罷了。好萊塢性感女神瑪麗蓮・夢露坦承：「我都穿什麼睡覺？就只擦幾滴香奈兒5號香水而已。」這就是她對法式幸福的理解與詮釋。

　　這種活出難忘陶醉時刻的感覺，是從哪裡來的？它是許多小事結合在一起的果實，有些真的只是枝微末節，但全部放在一起之後，就成了當下一刻才有的魔法：使用的食材或原料的品質，廚師或藝術家的本事，美麗的擺盤或優雅的小瓶香水 —— 還有在發現這些事物的那一刻時，隨之而來的狂喜感覺。在享受美好聚餐、香味飄過或裙襬搖曳的那一刻，瞬間與永恆結合；生活終歸兩個字，就是「充實」，而我們的五感，就是通往對生活滿懷感激的大門。

　　現在就是啟程的時候，跟隨著波特萊爾的腳步，探索這充滿感官愉悅的世界吧。

人們遊行歡慶法國足球隊比賽勝利。➡

↑ 引人垂涎的法國傳統鹹派。

盤中
也有春天

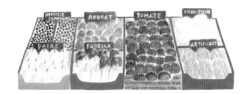

實驗一下：改天你出國的時候，問問看那裡的人，如果說到法國文化，他們馬上想到的是什麼？有些人會說巴黎鐵塔，有些人說奧塞美術館，還有一些人會提到文學。

　　可是，他們當中十之八九都會憶起那種美味的感覺：可頌、鵝肝、紅酒燉牛肉，還有波爾多的葡萄酒——但這些還只是滄海一粟！我們的知名食譜、傳統佳餚、地方特色菜、專屬饕客的珍稀美味，還有廚藝的新趨勢，都可以編成一本百科全書了；族繁不及備載，都能滿足每一個人的味蕾。有些人回想起在阿維隆（Aveyron）餐廳吃到的美味肉類料理時會流口水，其他人提到在諾曼地某個港口新鮮直送的海鮮拼盤時會深深屏息；還有人想起和朋友滑雪旅行的回程中，一起吃了薩瓦當地的起司鍋之後，掉下一滴眼淚。我們幾乎可以肯定，關於法國的每一個回憶，對美食的感情都如影隨形。

　　我們得承認法國菜的藝術，確實在世界各地都烙下印記。紐約最時髦的美食在哪裡？上海的極品餐廳呢？還是雪梨的新式佳餚？去吃法國菜就對了。法國料理本來就面面俱到，保證你會吃到由優良食材和熱切的客製服務，搭配而成的精緻餐點。

　　為了好好理解什麼是所謂的廚藝本領，我在這裡最好還是再提醒一下囫圇吞棗和好好吃飯的差別。第一種說法指的是生理需求，第二

種看重的卻是其他面向：除了要滿足維生需求之外，我們也能從中找到愉悅，在不同的滋味中尋求和諧，專注品嘗。這一切應該交織映襯，把一頓飯變成某個獨特的時刻。這就是為什麼在法國，「好好吃飯」（bien manger）和身心安樂（bien-être）是密不可分的。

因此，法國菜會喚起許多感受，那是與傳統、廚師的巧手、圍著一張桌子分享幸福時光緊密連結的喜悅時刻，也是法式幸福無可取代的其中一個成分，而我們已見識到了。

⬆ 簡單美味的淡菜料理。

↑ 傳統甜點巴黎布雷斯特泡芙（Paris-Brest），泡芙的麵團添加蛋液，再加上榛果奶油夾心。

↑ 兩位主廚為甜點擺盤。

法國美食 的 註冊商標

然 而，「法國就等於美食」這種說法又太保守，偶爾會讓人以為法國就只剩下吃的而已，有點像阿斯泰利克斯漫畫裡的情節，每次歷險都是以一頓大餐畫下句點。

　　我們得誠懇地說，還有其他飲食文化也都如此令人垂涎三尺——例如日本料理、墨西哥菜或義大利菜，在廚藝上也都是戰功彪炳，讓我們每個人內心的那位美食家口水直流。而對美好事物的品味，則和人文精神一樣悠久。大家都不知道，最早出現的紙本食譜可以追溯到古希臘時期；羅馬人也費心提倡他們的飲食傳統。這樣的話，法國美食到底有什麼特別的呢？

　　毋庸置疑的是，法國美食是最先享譽全球的。在17、18世紀左右，法國文化發揚到全世界，她不只是浩瀚無邊，也兼融大膽與精緻。要是我們能回到過去，法國根本可說是早熟的「新興國家」！國內手工業者的本領家喻戶曉，其中，有些大廚因為他們的卓越和創意，還受到國王及王子的褒揚。名廚瓦泰爾[12]甚至還名留後世，不過名廚並不只他一個。

　　其他廚師靠寫書獲得認可，他們出版的飲食書籍，成為權威，流傳超過一世紀。最有名的是名廚艾斯考菲於1902年出版的《烹飪指

南》，在將近半世紀的時間中，確立了法國人的品味。它還是許多廚師的必備參考書，於2009年重新印行，迄今仍在書市銷售！但艾斯考菲的天賦並不是只有廚藝而已：他了解廚藝本身就是一項技能，能再用來教會其他人。就這樣，他藉自己的名氣籌辦「伊比鳩魯晚餐」（les Dîners d'Épicure），目的是讓全世界認識法國美食。1914年，有超過一萬人在147個城市，聚集起來共享晚宴。艾斯考菲贏得了法國美味大使的頭銜。

↑ 經典法式甜點——檸檬塔。

譯註：瓦泰爾（François Vatel，1631-1671）是法王路易十四時期的名廚。據傳在1671年，香堤伊城堡（Château de Chantilly）的領主宴請路易十四時，瓦泰爾擔任筵席總管，但當日的主角食材海鮮卻遲遲未送進城；他擔心宴會無法順利進行，認為這是自己身為廚師莫大的恥辱，也害自己的主人蒙羞，因此在等待鮮魚抵達前，就在房間自盡——死亡後沒多久，食材才進了城門。

譯註：艾斯考菲（Auguste Escoffier，1846-1935），法國名廚兼美食作家。他所著的《烹飪指南》（Le Guide Culinaire）裡面匯集5000道食譜及各種烹飪知識和專有名詞，成為法國料理界的經典。

　　在國內根基已經很穩固的法國料理，它的卓越名聲，就是這樣跨越國界、流傳全球。特別是這門藝術已經昇華，並踏上由以下知名主廚所代表的新道路——包庫斯（Paul Bocuse）、侯布雄（Joël Robuchon）、杜卡斯、加尼葉（Pierre Gagnaire）或涂格侯兄弟（les frères Troisgros），不管你是不是美食家，這些名字對法國人來說都變得家喻戶曉。這樣的耳目一新不僅受到各高級廚藝學院的支持，也靠權威的《米其林》和《高米佑》（le Gault et Millau）飲食指南發揚光大。這證明了在法國，烹飪不僅是藝術，也是應該受到認真看待的職業。

　　一群真正的才智之士因而眾星雲集，運用他們淵博的知識和獨一無二的本領，創造全新的味覺印象。而且，這些灶窯之「星」在世界各地都開了餐廳，從拉斯維加斯到香港，從蒙特婁到新加坡，將法國美食發揚光大。舉個例子，2018年，光是洛杉磯的法國餐廳就超過77家！香煎比目魚和法式油醋漬韭蔥洋洋得意地與漢堡雞塊針鋒相對。

↑ 位於吉宏特河口（la Gironde）阿爾卡雄海灣的生蠔養殖場。

而備受肯定的原因又是什麼？當然是食物的品質。然而，難道光靠卓越的廚藝，就足以解釋這些餐廳為什麼成功，誇張到幾個禮拜前就得先預約嗎？並非如此，更重要的還有這個小「眉角」：法國料理也是充滿創意的。它受到傳統食譜的啟發，不斷地重新創造，更遵循法國菜的根基——像是白醬料理——和創新之間的平衡，鵝肝佐甜菜根就是其中一個例子。對我們的美國朋友來說，這就是百分之百的法式料理！

透過戴著廚師帽的「主廚-chef」所散發出來的光芒，以及像煉金術師般俯身靠近鍋子的方式，人們比較容易理解；廚師這樣的形象彷彿手工藝大師，深深烙印在人們心中，也因此對他們的聲譽貢獻良多。「吃得很法國」遠不只是吞進一餐而已，而是分享優雅的時刻，是在某種生活藝術中的情感連結，在這樣的生活藝術中，享受歡愉幾乎已經是一種義務。多虧了有這些揭開廚師大小祕密的書籍，每個人都能把自己當成星級主廚，投入食材與味覺的全新組合中。如果有哪個領域，是人們可以自得其樂並盡情揮灑創意——最重要的是能讓訪客也開心，就一定是烹調美味菜餚的藝術了。

⬆ 扇貝佐蘆筍和培根的精緻餐點。

這邊讓我們稍微聲明一下。我們不會自欺欺人，法國也有垃圾食物。只要花幾分鐘在超市逛逛，感官的靈魂就會棄守：這裡根本是鹽、糖、飽和脂肪及成癮物質的天下！然而這幾年來，即使是在大型賣場中，還是看得到優先重視有機和在地產品的顯著決心；人們真正意識到**垃圾食物**對健康的衝擊。值得一提的還有網路上的新工具，可以幫助你「實況」分析你買得到、要吃下肚的東西。拿起你的智慧型手機，隨便連上一個這類的應用程式，再掃描一下這片外盒看起來很美味的披薩的條碼──太可怕了，根本是滿滿的油脂和防腐劑！那這包糖果？糖堆得像喜馬拉雅山一樣！這袋冷凍四季豆呢？雖然不是有機的，但對健康好太多了！當現代科技能夠前線支援飲食的口味時，消費者能做的就不只是選擇好吃的食物了──他們也可以選擇下廚。為了弄清楚你將吃下什麼，請用條碼來檢查一下加熱即食產品：我們打賭，你將重新找回站在爐灶前的喜悅。

你知道嗎？

法國食譜書的前景仍然一片看好：在法國，每年可以售出1700萬本食譜。最新的流行是精裝書，用精心製作的封面包裹著裝印成冊的亮面紙。不過近20年來，人們也對「健康」飲食書愈來愈著迷。專為新手寫的書也同樣占有一席之地：由馬列（Jean-François Mallet）所著，Hachette Pratique出版社於2015年出版的《Simplissime：世界上最簡單的法式食譜》[14]，販售超過35萬本，證明不是只有精英才能試著做出好菜。

....

[14] 譯註：中文版於2017年由幸福文化出版。

,,

美食
是一種
生活哲學

現 在，讓我們靠近專業爐子，也就是廚師行話中所謂的「鋼琴」（piano），並嘗試將鼻子湊到鍋邊上聞聞；因為若沒有好的食材，一份出色的食譜就算不了什麼。

　　法國料理以標準嚴格著稱，為了維持這樣的水準，餐廳非常重視材料的新鮮度、找到真正美味的時蔬，也愈來愈注意使用有機農法栽種的食材。為了創造真正的料理，這些都是不可或缺的條件，也保證不會讓品質和原創性受到糟蹋。當然，這種對正字標記的堅持偶爾也使人為難。雖然只是一小條內臟香腸（andouillette），風味還是十分濃烈！那乳酪又怎麼樣呢？在法國，巴氏殺菌法 並沒有大獲全勝。比起包裝成三角形、索然無味的一團起司，偏好新鮮自產的Maroilles或Roquefort藍黴乾酪的人多的是。滋味是無法討價還價的！這也解釋了為何法式的「好好用餐」得以發揚光大：我們懷著真切的心，誠實地以道地方式精心烹飪。所以才有愈來愈多廚師，用在地食材重新創造出「祖母的食譜」。我們稱之為「烹飪傳承」的這種在地料理，正如火如荼地再次流行起來。

譯註：巴氏殺菌法（pasteurization），法國生物學家巴斯德（Louis Pasteur，1822-1895）於1864年發明的消毒方法，用60-90℃的短暫加熱來殺死微生物，以達到保質效果。

◀ 紅酒與在地特產起司。

只能說法國的好運氣實在讓人難以置信，有這麼多可以運用的食材，而確保了菜單的豐富多元。

法國有海產、漁獲、蝦蟹及貝類，肉類遠近馳名。乳酪與熟食的種類繁多，糕點類則有可頌、巧克力麵包或蘋果酥，將早餐時光變成純粹的幸福。要是這樣還不夠，就到附近的麵包店去晃一晃吧；連操守最嚴格的苦行僧，都會被各形各色的甜點弄得眼花撩亂，每一款都宛如藝術品般優雅……美學向來非常重要！對法式幸福來說，賞心悅目和滿足味蕾是渾然一體的。

說到飲品，清單一樣很長。如果要特別指名一種的話，大家都會想到香檳，單單「champagne」這個名字，理所當然就會連結到節慶和分享的喜悅；光是說出「香檳！」，就讓人心情大好。

但可別忘了葡萄酒，法國的葡萄酒算得上是全世界前幾名的：朱里耶納（juliénas）、沃恩羅曼尼（vosne-romanée）、聖埃斯泰夫（saint-estèphe），或教皇新堡（châteauneuf-du-pape）等。腦海中的甘美立刻令人臣服，醇厚、柔和又細緻；因為我們談到的是酒體、口感結構、酒香和口中的餘韻，所以也令人聯想到肉體的愉悅……總之，波特萊爾建議我們踏上的旅程，正完美地呈現在我們面前！光是某些產區的命名，就能夠打開一扇通往感官世界的大門，互相召喚，相輔相成：例如，一說出波瑪（Pommard）這個酒莊名，我們就聽得到歡樂的開瓶聲，聞得到酒的香氣，能透過玻璃杯壁欣賞它的色澤，品嘗它的醇厚。一杯酒就是一段歷史，遠不只是單純的一杯飲料而已——我們會在其中發現葡萄農對土地及作物的悉心照顧、神祕的釀酒過程，還有在橡木桶裡流逝的時光；也可以從茫茫酒海中，辨認出其中一支酒的質感和香氣，但話說回來，同樣的酒若是不同年份，嘗起來也可能不一樣。品酒的人內心會湧上一股感激之情。法國葡萄

酒不只是一種職業，也是一份遺產、一門藝術，更是一種生活哲學。和葡萄農聊上一小時，你就會了解受到認可的關鍵，在於花多少時間和耐心，投注在這些小事上。

但如果只有這樣，你還是有點遺憾的話，就試試看雅馬邑、蘋果白蘭地、有年份的干邑白蘭地，或是其他靜待你啜飲的烈酒……不用說，當然需要節制。

每個地區都有各自的特產，也是當地文化的反映。如果你想要一邊娛樂，一邊將它們的多元性盡收眼底，我們只能鼓勵你去看看由好萊塢已故導演諾拉·艾芙倫（Nora Ephron）編劇執導，2009年上映的《美味關係》這部電影了。這部片改編自真人真事，主角是茱莉，一個熱愛美食的年輕紐約客。她因為厭倦平淡乏味的工作，所以開始了一項新任務，在為期一年的時間中，每天挑戰一份新食譜。故事就此

這就是法式生活！

你知道什麼是法式幸福最簡單也最美好的例子嗎？答案是野餐儀式。人們會去幾個美麗的自然景點，在地上鋪好墊子，分享長棍麵包、沙拉、一點肉醬，還會開瓶葡萄酒……一場即興的盛宴永遠都不會出現一模一樣的另一次，大家也都隨興地看心情享用。人們悠哉地交流近況，欣賞風景……好好體驗野餐的多采多姿！在法國，野餐已經是貨真價實的民俗活動。證據呢？看看2016年7月14日舉辦的世上最盛大的野餐活動，它銜接起馬耶納省的邁昂河畔聖尚（Saint-Jean-sur-Mayenne）和維寬河畔尼耶（Nuillé-sur-Vicoin）這兩個城市的河岸，那天鋪的野餐墊，總長是……20公里又427公尺！參加者超過兩萬人！透過這場活動，你會相信一道簡單的餐點，也能成為難忘的時刻……

↑ 普羅旺斯燉菜雜燴。

上演，她如法炮製的，是美國名廚茱莉亞·柴爾德（Julia Child）在半世紀前完成的廚藝名著。1950年代，茱莉雅在巴黎長居了一段時間之後，因為推廣法國菜而在美國聲名遠播。我們就是跟隨著茱莉這位未

來的「三星廚師」，在烹飪路上幾番波折，才能衡量法國美食所賦予的無限可能。對所有品味各異、地位不同的人來說，也是如此——雖然這位年輕美國女性偶爾會感覺很錯愕就是了。沒錯，蝸牛是可以吃的……而且還美味得不得了。

我們不可能講到電影中出現的每一道菜，因此最好的方式，就是根據遊客的行程和季節的更迭來品嘗。冬天一定要進補，吃豬腳配酸菜；春天則吃肉凍、來盤生蠔。夏天歡樂地沉浸在用橄欖油和香料提味的普羅旺斯料理；秋天邀你享用燉肉或可麗餅。沒錯，我們的膽固醇可能會有點超標……但重點在於享用，即便只是一道菜而已。一切都在掌控之中，份量剛剛好：在每個美食家心中萌芽茁壯的審美觀，都會告訴我們：「好好生活的藝術，就在於選擇精緻，重質不重量。」在細緻的感官體驗中，我們才能領略幸福生活的精髓。

一開始，我們用波特萊爾來喚醒美味的歡愉，接著希望用另一位大文豪普魯斯特（Marcel Proust）來結尾。他描寫感官意象的幻境，讓人完全臣服在感知的情緒裡，不管是在視覺、聽覺、嗅覺……或是味覺上的敘述，很少有人能與他匹敵。因此，在嘗到一口用茶浸濕的瑪德蓮時，主角記憶中的過去倏地湧現，是一段好像早已消逝無蹤，幸福和樂的過往。多虧了一塊糕點、一口茶和無以復加的驚嘆，普魯斯特得以重溫阿姨對他關愛的慰藉，以及無憂無慮的美妙童年。如此一來，有幸接觸到法國美食的人，幾乎都能在用餐的時候，體驗到和普魯斯特相同的感覺，驚喜地重新發現某個動人的時刻，重返內心最深處的純粹喜悅。

作註：出自《追憶似水年華》卷一《在斯萬家那邊》（Grasset, 1993）。

秋天的勃艮地葡萄酒產區。

醉人
的精華

我 們看得見美，能夠領略深度，也品嘗得到精緻。那麼個性呢？個性則感覺／聞得到。

⬇ 用有機芳香精油打造屬於自己的味道。

沒錯，嗅覺是我們覺察這個世界的重要感官，特別是去感覺其他人。當我們說「我感覺不到（聞不到）那個人」的時候，不過是在用字詞湊合說出某件很難表達的事；但事實上，這件事情其來有自，它是我們的本能。這也許很令人驚訝，但當我們觀察其他人時，最先接收到的不只是他們的外表，我們也會以比較難以察覺的方式，感覺到他們的味道。

我們都有一個反映自身性格的獨特味道。這股味道的察覺，對於別人如何對我們品頭論足，具有決定性的影響：有些人甚至宣稱人們會墜入愛河，是因為聞到的味道，而不是眼見的一切！因此若想令人印象深刻，仔細打點自己在香味上的表現，是很重要的。

毫不意外，法國文化向來很注重香味：她對美學及精雕細琢的品味，顯然擴張到芳香領域了，尤其在社交的時候。我們已經談過美

食：聞聞某幾道菜餚的味道，是眼前有頓好菜時，人們會做的第一件事，通常也是盛宴的序曲。同樣地，我們在不同場合中噴上的味道也非常具有個人風格；這種掛念在日常生活中無所不在，因而成為我們身分認同的一部分——也就是香水。

俗話說味道就代表一個人，是他原始的性格；而香水是看不見的衣服，是一種個人愛好的自我呈現方式。我們覺得兩者密不可分：我們噴的香水，往往反映出自己是誰——低調還是顯眼？偏花香調還是麝香調？是雅俗皆宜，還是珍貴稀有的純香精？

香氛製造的藝術和群體生活一樣源遠流長。它在希臘羅馬時代就已經存在，那時的人們會焚燒有香味的油脂、香膏、植物和樹脂，來召喚眾神的恩典；香水（parfum）這個字源自拉丁文的「per fumum」，意思是燻製。不過，既然人類也能夠享用香精，又何必將它特地留給眾神呢？即便人類無法長生不老，但只要自己也能籠罩在一點這種香氛之下，至少也染上些致命吸引力。

法國為什麼與香水工藝有所連結？因為大約在凱薩琳・梅迪奇的時代，製香業在法國成為貨真價實的手工藝，同時也是一門利潤極高的生意。有些發明家將萃取花朵精華、以及從中提煉精油的研究系統化。那時候的香水被視為專屬上流人士的奢侈品。但我們得承認，最初的原因其實很俗氣——因為個人衛生需要改進，也包括時常進出宮廷的人；為了樹立良好的形象，所以讓自己充滿香氣。我們不太確定那個時代的國王和王妃是不是很好騙，但至少外表看起來一切都好……

譯註：據傳香水是在文藝復興時期，由義大利佛羅倫斯梅迪奇家族的凱薩琳・梅迪奇（Catherine de Médicis，1519-1589），也就是法王亨利二世的王妃所引進法國。此後，法國人開始在普羅旺斯種植各種香草和花卉，並發展香水工藝。

這就是法式生活！

你想知道那個時代的香氛生活嗎？請閱讀徐四金（Patrick Süskind）的《香水》（Fayard出版社於1986年推出法文版）。這本小說以絕妙的手法，構築了18世紀法國味的全貌，聞起來絕不是只有玫瑰香而已，差得可遠了；人們的心情常會受其影響而倒盡胃口。因此，要傳達美好的形象，香味非常重要——尤其是這個故事中令人難以置信的主人翁葛奴乙（Jean-Baptiste Grenouille），千方百計想打造出來的香味。本書真的值得一看，除了具有卓越的文學性，也向讀者揭露創造香水的一切大小祕密。倘若你想完全沉浸其中，可以到法國香水重鎮——格拉斯（Grasse）這個迷人的城市，漫步在其巷弄之間；不過要小心別走上葛奴乙常走的那條路……

　　大香水製造商的聲望無遠弗屆，在精油的領域中，長久鞏固著法國的聲譽。為什麼？首先，因為它們吸引了最優秀的調香師，也就是能夠調配出最具獨創性的香味配方的藝術家。現在全世界的調香工作者不到100人，是極為專業的行業，耐心和經驗是這行必備的特質：要上三年課程，再實習七年之後，才會被認可為專業調香師。調香師在一開始當學徒時，能分得出大約350種不同的氣味。等到他們出師，就得以辨認超過3000種！

　　然而，法國香水的成功，也得歸功於這些香水廠，願意讓旗下作品進入多樣化的市場。經過幾個世紀，香水已不再是專屬上流人士的產品，而是變得更大眾化。今天，香水廠提供的商品系列種類繁多，從價格高昂到物美價廉的都有。

　　實際上，這些享譽國際的香氛，究竟有什麼特色？它們的品質有

目共睹,小瓶子的外觀精巧時尚,令人驚嘆。它們的魅力無所不在,
證據就是魚貫湧向拉法葉或春天百貨專櫃的遊客,已經多到專櫃還聘
用中國櫃姐,以便與顧客溝通了!但這一股迷戀,不就又證明了對法
式愉悅生活的偏好嗎?用這種能夠脫穎而出的獨特方式,單純地以一
抹香氣的優雅,來肯定自己的個性?

　　我們常說的藝術與手法,目的通常是為了互相對照。然而,多虧
了香水自人們身上散發出的美麗光暈,香氛因而從某方面來說,是深
層意義與素材的緊密連結,也是存在和表象的完美結合。

⬇ 香水不再是專屬上流人士的產品,而是變得更大眾化。

　　讓我們稍微換個角度想，斗膽提出這個有點挑釁的問題：如果法國在香水界頗負盛名，是不是因為她本身就有自己獨特的香味呢？一個國家會有自己專屬的味道嗎？

　　我們會嘗試回答，即使法國並沒有獨占怡人的香氣，也仍因為它賦予人們的繽紛感覺，而與眾不同，尤其是這些香味隨著某些時刻或地點散發的方式。你想要撲鼻而來的香氣嗎？那就在早上六點麵包剛出爐時，打開麵包店的大門。身倚小酒館的櫃檯，呼吸陣陣剛從壺中倒出的咖啡香。在書店閒晃、打開一本書，深深吸入墨水和紙張的醉人味道。接著去逛逛傳統市場！在豬肉攤、花販、麵包攤、皮件舖或是精油店之間，你的鼻子將能看見多采多姿的顏色——要是我們能這麼形容的話。在這樣脫序的歡愉中，你會經過熱騰騰的麵包攤和賣烤雞的，從薰衣草精油一路聞到新鮮的漁產，有時充滿驚奇，令人振奮，滿心歡喜，飄香四溢；雖然也可能激起反感，但它的生命力多旺盛啊！在來回這些小通道的時候，風土的力量穿透了你。露天市集更是名副其實的嗅覺饗宴。

　　順著你的心意繼續漫步，讓自己為其他更深刻、更貼近大地的香

氣而驚豔。這是城裡老房子的味道，是一種豐沛、怡人又撫慰的味道，就像柴火一樣；是在面對消逝的光陰時，一種傳達簡單和永恆的味道。還有奧維涅森林的香氣，尤其是春天：我們會感覺到周遭顫動的泉源，在岩壁的起伏中迸發的生命力，以及身邊滿溢著葉綠素的大自然。盛夏時普羅旺斯的氣味，是被太陽烤焦的石頭，土地裂為塵土的粗糙味道，以及歐石楠和笠松所散發出的香味。不列塔尼有一股碘的味道，像捲入一切的大漩渦，像浪潮般包圍著你，像狂風般拍打著你。冬天，阿爾卑斯山頂的迷人氣息，感覺充滿禪意，寒氣將樹木和石頭凍結，只保留它們內部的精髓——也就是萬年雪純淨的氣味。法國的感官之旅不乏驚喜，它們用出其不意的方式攔住你，讓你體驗真正喜悅的時刻。這種感覺真好……總之，在法國，我們就是要大口呼吸。

這就是法式生活！

呼吸一下，暫停一會。讓不尋常的香氛填滿你的肺。即使在巴黎市中心，你也只需要用力呼吸，就能捕捉到這些飄忽不定的味道。需要我的建議嗎？到第十區的路易布朗路（rue Louis-Blanc），或布雷迪拱廊街（Passage Brady），讓自己穿梭在充滿印度及坦米爾氣息的食品雜貨店之間，從餐廳林立的那頭開始閒晃。這是真正的氣味盛宴：咖哩、小荳蔻、茴香、肉桂……只要從東站走兩步路，就是一趟遊歷一千零一夜國度的真正旅行。保證充滿異國風情！

↑ 位於呂貝宏（Luberon）的塞南克修道院（l Abbaye Notre-Dame de Sénanque）薰衣草田景色。

精巧與豐盛

我們可以理解，對絕大多數的法國人和遊客來說，法國就等於甜美愉悅生活的同義詞。沒錯，波特萊爾承諾我們的旅行，我們可以依照自己的方式啟程。只要讓你沉浸在適當的情緒中就可以了。

　　第一種情緒，是對美好良善事物的熱愛，但與享樂主義又有所區別。囤積大餐或精品來讓自己感覺充實是沒用的，甚至成為一種阻礙。我們尋找的愉悅更加單純與細緻：在我們得以放鬆的地方，抱著這將是獨一無二、甚至永難忘懷的體驗的心情，和善良的人共度美好的一餐。比起重視數量，真正有益於安樂感的，是這些感動的結合，也就是香水業所說的配方。珍稀的精品、難以到達的地點、地位不凡的賓客，都不是必要條件。最重要的事，是和美好的事物，以及我們所愛的人一起，享受存在。

　　另一個能夠促進法式幸福的元素，是不帶罪惡感地享受人生。比起其他國家，法國人是不是更有能力享受他們的感官，也完全不感到內疚呢？這是法國人慣有的名聲，已經到了我們就是沒道德、甚至放蕩荒淫的地步了！事實顯然非常不同。法國人的確喜歡狂歡慶祝，我們已經說過，這個社交面向是構成法國文化最典型的特徵之一。我們

法國經典甜點——可麗露。

得先以此為基礎，再來思考每一頓看起來像是酒神節的大餐，以及其他由拉柏雷[18]想像出來的狂歡節盛宴……的確，虛構跟現實之間還是有很大差距的。

事實上，法國人一直以來都知道要好好享受「存在」帶給我們的美好時刻。這也許是來自我們的信念吧？相信「對我們有好處的事物不會反過來害我們的」。相對地，陷入過度逸樂的誘惑正好被講究質感、瓊漿玉液和精萃的品味加以平衡。人們不是說不應該濫用美好的事物嗎？與其被道德禁令限制住，法國人反而因為這個信念而有所節制，他們認為太過火的行為，如暴飲暴食或是公然炫富，就可能有失去他們固有的精緻與優雅的危險。就某方面而言，他們太在意自己的形象，以致無法恣意放縱。而且，如果喝下世上最美的佳釀，只是為了買醉，完全無法品味它的芬芳，這又有什麼意義？

法國人也不是突然才開始愈來愈注意他們的消費模式：暴飲暴食、增加虛華的花費，或是被閃閃發亮的東西吸引──這些不存在於法國人的思想之中。我們幾乎可以肯定他們根本就沒有這種基因！質感會因為過量而被稀釋；有句諺語形容得接近完美：很好的敵人，就是更好。這就是這種生活藝術的重大祕訣之一：懂得節制的話，我們就能允許自己品味各種愉悅，而且根本也不會陷入什麼道德難題。

還有另一種見解，或許也能解釋為什麼法國人對這些道德難題有所保留：法國人的內心深處是愛唱反調的，他們討厭禁令。如果你告訴他們吃太多美食、噴太貴的香水都不好，那他們反而更要走進餐廳或香水店。

---

18 譯註：拉柏雷（François Rabelais，1483或1494-1553），文藝復興時期的法國作家，也曾經擔任醫生與修士，以誇張、充滿嘲諷與狂放不羈的文筆著稱。他在小說《巨人傳》中，描繪歐洲中世紀時期的地方民俗慶典即充滿狂歡鬧騰的氣氛。

法國人一直都知道要好好享受「存在」帶給我們的美好時刻。➡

　　這不單純是為反對而反對，而是對自己性格的肯定——人生苦短，不如好好享受，以我們選擇的方式享受。關鍵字就是「自由」！購入奢侈品，並非只是一種用來展示社會地位的膚淺老套而已。如果真的想要獨樹一幟、展現個性與宣告獨特性，使用品質優良的香水、有點時髦的包包或一雙美麗的真皮手套，都是簡單又直接的方式。這些都是與眾不同的印記。既然現在要入手這些商品已經容易得多，每個人都有機會賦予自己這些典型的法式自信。

　　要是有這麼多人將法國與愉悅樂趣連結在一起，就絕對不只是單純的消費問題而已，也不是想變得耀眼的企圖，而是一種面對存在的普遍態度。這是一種渴望無憂無慮地生活、對新事物懷抱好奇，以及對未來能帶給我們的一切抱持信心，而形成的姿態。

　　畢竟，享受存在的樂趣，就是肯定自己對生活懷抱信心，也代表我們相信自己。

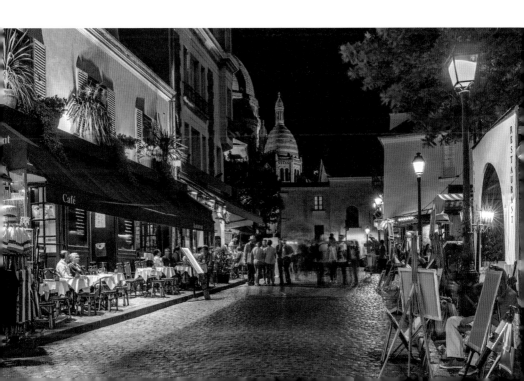

Chapitre 3

L'âme des lieux
地方的靈魂

連綿的山脈。

你 還記得法國長久以來都被比做哪個幾何圖形嗎？事實上，一些製圖師觀察了這個國家的輪廓後，就順著她的自然屏障，草草畫出幾條線——法國就是這樣變成六角形的，真是天才的發現！簡單、具體又清楚……可是也不完全切中要點。

因為，要是世上有哪片土地絕不能簡略成這麼簡單的圖形，那就是法國了。相反地，它因為極度多樣化的景色、高低起伏的地勢、氣候、生活居住地及環境，而不同凡響。

我來說明一下，拿一張地圖，在桌上攤開。

第一個觀察：這個六角形的每一邊完全不一樣。沒有什麼地方的差異，會比蔚藍海岸和加萊崖壁之間的差異更大。只要一張照片，就能分辨出是庇里牛斯山、侏羅山或阿爾卑斯山。

但當人們由北到南縱走穿越這個國家的時候，不可置信的多元景色在眼前一一展開。想像一下，有人開著車，一整天都沒有停下來——這是很難達成的挑戰，因為他將經過一片美麗的風景。他從北部出發，一路上有里爾和朗斯（Lens）的磚紅色屋子，還有舊時煤礦坑的遺跡和廢石堆。皮卡第（Picardie）的植物、亞眠（Amiens）和博韋（Beauvais）的教堂；巴黎與其世界知名的眾博物館。接著是羅亞爾河、香波（Chambord）和昂布瓦斯（Amboise），以及鄰近地區的城堡。布爾日（Bourges）的歷史中心與那裡的木筋牆、奧維涅、工業重鎮克萊蒙費杭（Clermont-Ferrand），多姆山脈和無邊無際的綠野。中央山地原始粗野的起伏，米約大橋這座超現代的建築，彷彿飛箭般刺穿中央喀斯特高原。普羅旺斯村莊緩慢下降的坡度，還有

聖基岩（Saint-Guilhem-le-Désert）那些被陽光照亮的街道。蒙彼利耶
（Montpellier）永遠人聲鼎沸。地中海廣闊的撫慰，還有細沙海灘。
再搭一小段渡輪，就能抵達人稱「美麗之島」的科西嘉島，你眼見的
每一片視野都有一點人間天堂的感覺。只要開一天的車，你就穿越了
十幾種不同的風景，也會體驗到各種獨特感覺。

　　若是從西邊到東邊呢？對比也同樣驚人。不列塔尼的港口和花崗
岩小屋，以及不尋常的巨石排列。羅亞爾河谷一片令人放鬆的遼闊，
矗立好幾世紀的修道院，還有勒芒（Le Mans）和它傳說中的汽車賽
道。索洛涅（Sologne）起起伏伏的茂密森林，與散發出野性美的池塘
和沼澤。勃艮地的葡萄園，伯恩（Beaune）的繽紛屋頂瓦片，和香檳
區內的酒窖。曲折粗獷的孚日山脈，還有位於南錫（Nancy），和山

⬇ 跨越塔恩河谷的米約大橋。

脈形成強烈反差的史坦尼斯拉斯廣場（place Stanislas）的優雅。最後，是遍地開花的阿爾薩斯村莊，如夢似幻般令人驚嘆的山區木屋。呼！到了史特拉斯堡的小法國區，你應該找間懸在運河上方的餐廳，品嘗美味的火焰烤餅。

你知道嗎？

中世紀時，交通運輸很不便捷，遙遠的距離和一連串阻礙等著旅人，也總是謹慎地在出發前就準備好遺書。

大多數的旅程是靠雙腳走出來的，比較幸運的人才得以借助騾子或馬，也有些人有推車或拉車可用。但這些靠輪子的交通方式並不實際，因為路況實在有待改進。道路顛簸、狹窄又不牢固，下雨之後很容易就變成一灘爛泥。直到14世紀，道路網才開始慢慢改善。

有些「專業」旅客，例如皇家信差，一天就可以趕完150公里的路；1381年，為查理六世從亞維儂（Avignon）捎來訊息的信使，只花三天就走完600公里。不過，這種表現當然不是天天都遇得到。一般速度依旅人的職業而定：士兵一天能推進45公里，但拖著小貨車的商人一天只能走30公里。就算沒遇上什麼意外，從巴黎到蒙彼利耶，也得花上超過三個星期。

今天，從巴黎到蒙彼利耶，搭飛機只要一小時，火車三小時，開車則是八小時……而且還不用先寫好遺書。

以一個幾何圖形來說，不算太糟嘛。而且！這裡呈現的，只不過是法國多種面貌的極小部分而已，它們偶爾不太尋常，常常教人耳目一新，總是帶來驚喜。

這些遊歷帶來一幕幕印象：城鎮、古蹟和風景源源不絕地出現，整體的和諧感令人想到印象派的作品。因為，人們的確開始用心去彰顯法國領土的價值——在這塊土地上，我們從古文明時期，很快一路走到21世紀；從最為人景仰的傳統，到最頂尖的現代化。無論你是搭上駁船橫越這個國家，還是以高速鐵路的速度穿越法國的旅程，不僅是在壯麗風景中的公路旅行、在龐大歷史遺產中的漫步，也是徜徉在無窮無盡的感受中；她的地貌連綿不斷地改變，從高山到海洋，從大城市到迷失在森林深處的小村莊，從籠罩著地方的傳說，到最當代的歷史。毫無疑問，這就是為什麼法國在充滿魅力的同時，卻又引人迷惑：人人都能在這裡找到自己想要的，即便他本來不抱期待。

其實，法國是個很合適悠哉漫步的國家。在大街小巷的轉角，你可能會遇上的那個人……就是你自己。

⊙ 從堡壘要塞望出去的聖托佩（Saint-Tropez），位於普羅旺斯–阿爾卑斯–蔚藍海岸大區。

⬆ 羅亞爾河谷（Val de Loire）的香波堡是文藝復興時期的象徵，也被歸列為聯合國教科文組織的世界遺產。

石頭的記憶

我們在一生中，至少都體驗過這麼一次飄渺的想像：造訪滿載歷史的地方，把手放在牆上，或走在中世紀的街道，想著：「在我之前有多少人做過相同的舉動？曾有多少人觸摸這塊石頭，或是走在這些石塊交錯砌成的路上？」光用想的就令人目眩神迷！

對我們來說，這些城牆和石子路不只是單純的石塊：它們是過往時光的證人，是跨越幾世紀的實體標記。這些遺跡給我們這城鎮在某個時代的樣子，特別是，它將我們和一段記憶、一切照舊的時光連結在一起，因為它還是看得見、摸得著，在世人心中尚未死去。從某方面來說，這些古老的石頭就是現代的根基。我們從中獲得的，是驚嘆，是力量，也是一股讓我們覺得安心的永恆感：它們從來沒有真正消失。在我們之前，有成千上萬的人走過此路；當我們重新踏上的時候，也讓它們的生命再永垂不朽一些。

許多國家都有豐富多樣的歷史遺產，讓遊客迷戀。以歐洲人來說，最顯而易見的例子就是希臘和義大利這兩個西方文明的搖籃。造訪雅典衛城或羅馬競技場，就是確保我們能和過往年代進行交流。飄忽不定的想像，突然湧進腦海的幻燈片──喜劇面具、薩莫色雷斯

的勝利女神[10]、古羅馬鬥士的頭盔、龐貝古城的壁畫……但在我們脫離古希臘羅馬時代之後,這些國家留存在我們心中的是什麼?是哪個博物館,或哪個紀念碑?你等著看,答案不會自動從你心裡竄出來。

現在,感覺一下同樣的體驗,不過對象是法國。有什麼世界知名的地標嗎?

拉斯科洞窟壁畫、嘉德水道橋、聖米榭山、巴黎聖母院、卡塔爾地區的城堡、羅浮宮、香波堡、拿破崙墓、巴黎鐵塔、龐畢度藝術中心。

每個時代都有象徵的古蹟、某棟代表性的建築,或充滿回憶的地點,用來填滿每位旅人的想像。法國擁有悠久的歷史,總是深深刻在石頭、金屬製品、水泥建築或是玻璃杯上。如果有哪個領域不受經濟危機影響,無疑就是明信片產業了!

我們可以在一些真的很不尋常的地方,遇上這種富足感,例如位於維恩省西沃(Civaux, Vienne)的梅羅文加王朝[11]公墓。石棺的排列耐人尋味,彷彿石頭守護著埋藏於其中的祕密。到了上普羅旺斯阿爾卑斯省的伽那高比(Ganagobie),我們也能體會到同樣陌生與冥思的感覺。那裡開車就到得了,但若你喜歡挑戰體能,可以穿上適合健行的好鞋,穿過森林小路爬上去。有幾段坡特別難走,但抵達最高點時的滿足感難以言喻!高原上佇立的是圍牆的遺跡,以及沒入繁茂大自然的住所。這裡在10世紀成為本篤會的避世修道院,鄰近的教堂擁有

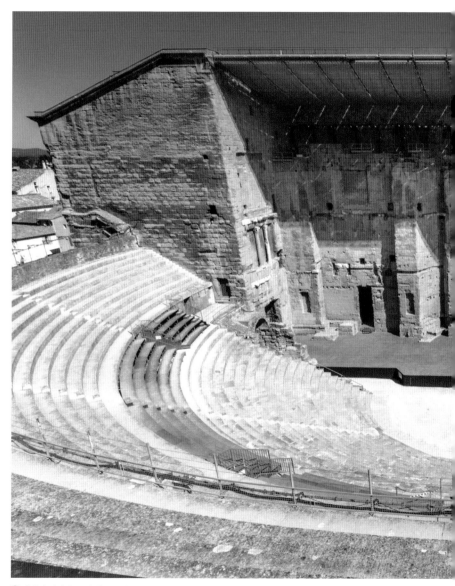

⬆ 位於南法奧朗日的古羅馬劇場。

引發思古之幽情的地點不計其數，我們已經提過幾個家喻戶曉的。其他的雖然沒那麼有名，但也非常具代表性。這麼一來，新石器時代的愛好者應該前往科西嘉島南部的菲里托薩（Filitosa），欣賞引人好奇的巨石柱群，說到早我們3300年的文明，它們是名副其實的見證者。我們並不清楚建造者是誰，但遊客正因此著迷。某些刻在石柱上的人臉，甚至讓人覺得深不可測，有復活島石像的影子，一定會讓你起雞皮疙瘩。

再來，高盧羅馬時期的遺跡到處都是。如奧朗日古羅馬劇場、嘉德水道橋……別忘了還有健行的時候，可能偶然遇上的羅馬時期古道。有天在遼闊的普羅旺斯，我們就是這樣在某條溪流中，發現一處能夠涉水而過的淺灘的。頓時湧上一股情緒：這幾世紀以來，有多少男男女女，多少騎兵、工匠，或只是單純的旅人，踏過這些石頭？能在最意外的時刻和地點與我們相遇的，才是真正的富足。

中世紀建築特有的樸實魅力。人們大可以花好幾個小時，欣賞三角楣上磨損的樸素雕刻，但欣賞完一定要進到教堂裡，大步踏上裡面的馬賽克地磚；這在法國獨一無二，靈感來自拜占庭，拼貼出大象、異國的鳥類，還有用長矛刺穿鷹頭獅身的傳奇生物格里芬的騎士。我們只能為交錯的線條、呈現出的角色平衡，以及工匠的細心深深著迷，也會開始幻想：要讓這麼壯觀的作品臻於完美，需要花幾天、幾個月，甚至幾年的時間？我們除了會再次認可耐心這個美德、注意小細節的基本守則之外，也會為其中蘊含的謙遜感到驚訝，因為這些珍貴的馬賽克，就是為了要讓信徒踩上而存在的。整座教堂散發出有益身心的

清新，離開教堂之後，再走幾步就能站在高原的邊緣，俯瞰整個地區。一股寧靜祥和的氣氛也感染了遊客：伽那高比修道院的景色，也歌頌著大自然與人類努力的和平共存。

偏好紀念性建築的人，可以到天主教堂去沉思。陽光灑進彩繪玻璃窗時，我們身在光影仙境裡，是完美的盛夏體驗。不用多說，人們也會以為這種優雅又精巧的建築奇蹟，絕對少不了花邊裝飾的技巧——但的確有例外，像是薩爾堡柯德里耶教堂的玻璃花窗風格非常現代，是大師夏卡爾（Marc Chagall）的作品。

重點是，現代風格的愛好者也已經被寵壞了。需要幾個例子嗎？當你在南錫漫步，會發現新藝術風格的建築牆面，還有石材上的阿拉伯式蔓藤花紋；大街小巷都看得到，姿態各異。此外，到皮卡第的聖康坦（Saint-Quentin），也會有相同的體驗，那裡的建築是裝飾藝術風格，雖然更加內斂，卻仍清晰可辨。下次，等你終於拍夠巴黎鐵塔的照片時，不要忘記繞到鐵塔後面，才能欣賞夏佑宮充滿紀念意義的門面；你可以再走幾步路到人權廣場，它提醒著每一個人，在1948年，《世界人權宣言》就是在這裡簽署的。在法國，建築與文化向來息息相關。

有些大膽的創舉也可能引發震撼。那個年代，在尊貴的瑪黑區正對面打造龐畢度藝術中心，令不少人咬牙切齒。想像一下：布滿藍色和紅色管線、看起來像煉油廠的建築，居然矗立在距離17世紀美麗宅邸只有兩步之遙的地方！但時間完成它的作品，世人的想法也改變了：為了向前進，有時候的確必須顛覆自己的年代。時至今日，龐畢

---

21 譯註：裝飾藝術（Art déco）誕生於二戰期間，是一種強調裝飾的藝術風格，融合多種藝術風格與素材，包括立體主義（Cubism）的大膽幾何、野獸派（Fauvism）的鮮豔色彩、古埃及或其他東方文化的異國元素等等。作品大多採用珍稀材料（如烏木、象牙等）及精細優雅的作工，呈現出光鮮亮麗的奢華感。

度藝術中心已公認是兼融現代與傳統場域的典範，甚至成為巴黎最主要的旅遊景點之一。

　　順著這樣的思考脈絡，建築師尚・努維爾（Jean Nouvel）在波爾多葡萄田的中心，重新設計了一座葡萄園的建築。即使你沒特別喜歡多明尼克堡——再怎麼說，它也是聖愛美濃（saint-émilion）的特級葡萄園——也一定會欣賞這個知名酒莊的酒庫，它大膽的玻璃造型。這個畫面著實令人感動：太陽在井井有條的葡萄樹中升起，建築物的奔放紅色外牆和透明隔間，讓內部的大型金屬釀酒桶，在陽光下若隱若現地閃爍。石頭搭建的古老農舍分別位在酒窖兩側，更強化它與這座建築之間的創作對比。風土民情和現代化並列在一起，是多有勇氣的嘗試！成果確實值得一看。但別忘記花點時間到不同莊園品酒，要是連這種小樂趣也不能享受的話，那就太可惜了⋯⋯

這就是法式生活！

最後一個穿越時空的體驗？要是你去了尼姆（Nîmes），不要嫌麻煩，去看一眼藝術方屋（Carré d'art）吧。這座當代美術館的外觀以玻璃和鋼骨構成，卻和獻給奧古斯都大帝、興建時間得回溯到公元初始時的羅馬神廟兩兩相望。修復此建築所耗費的心力，讓這座方形神殿成為今日世上公認保存最好的羅馬神廟。乍看之下，這座在1993年啟用的美術館，它方正的建築和撐住屋頂的纖細鋼骨，也似乎有點古代神廟和石柱的影子。花點時間，體會這獨一無二的景色。在100公尺的距離內，就存在著2000年的時光連結，還有比這更好的嗎？

古羅馬時期的偉大水利工程——嘉德水道橋。 ↗

距今1萬5000年前的石器時代洞穴壁畫——拉斯科洞窟壁畫。 ➜

⬆ 位於不列塔尼的卡納克巨石林。

''在街角
就能
放手

法 國無疑是世上擁有最豐富歷史遺產的國家，但這些歷史見
證之所以能夠呈現在我們眼前，也是因為人們真的願意去
修葺、去發揚這些豐富遺產的價值。

　　這就是法國文化最重要的面向之一：確實非常注意藝術作品，
也包括古蹟或重要地標，其中一個最為人所知的招牌就是「歷史遺
址」。在小城鎮或村莊裡，通常只要走一百多公尺，就會看見這種標
誌，指向通往堡壘的路線。也可能是古老的城堡、一間完美還原的房
子、以前的洗衣場，或是一座噴泉。我們重新沉浸在過去，一時之
間，得以領略過往時代的甜美；那是一個不急不徐的姿態仍然有其重
要意涵的年代。這樣的日子已經結束了嗎？為什麼生活對人們來說，
就只能是永遠的逃避，或是一場生存競賽？明明是我們應得的，卻得
努力去爭取！放鬆一下吧，地球根本不會停止轉動……如果這些古蹟
能教會我們什麼，就是當出現了可以做夢、並沉醉於當下這一刻的任
何機會時，千萬不要猶豫，伸手抓住就對了。這些經過悉心維護的地
點，所散發出來的力量與寧靜，也是要求我們放手的邀請。

　　2017年，法國有近四萬五千座歷史建物，還有兩萬四千個公園和
花園。沒錯，我們又遇上選擇障礙了！人們更能理解，每年在9月中

舉行、開放許多地點供免費參觀的歐洲文化遺產日，為什麼會這麼成功：因為總有新事物等著被發現。當然，你可以為了進艾麗榭宮逛幾分鐘，而花上幾個小時排隊。這些地方都十分富麗堂皇，甚至震懾人心，但至少它能夠保證給你一段破天荒的政治生涯──讓你在這些廳堂裡閒晃僅只一次，毋庸置疑。你也可以從聳立於法國景致中的眾多城堡裡，挑選一座然後漫步在其中。這裡也是一樣，待訪清單長到若只花一輩子的時間，是沒有辦法全部造訪的。但如果你需要建議的話，最好還是去發掘深埋的寶藏，它們可能近在咫尺。

還有其他路標，也保證能帶給你琳瑯滿目的體驗，例如富有藝術和歷史氣息的城市、知名的宅第、獨特的花園等。其中有些地方也列入聯合國教科文組織保護名冊，是世界文化遺產的一部分。法國有44個地方入選，包括39個文化遺產、四個自然遺產、一個複合遺產。你當然不可能全部走過一輪：北方的礦工宿舍和古老礦坑、楓丹白露

這就是法式生活！

在伊夫林省（Yvelines）的普瓦西（Poissy），有一棟薩瓦別墅。它是現代建築運動的象徵，聲名遠播；它的設計師不是別人，正是鼎鼎大名的柯比意（Le Corbusier）！在穿越柵欄、繞過防風林後，眼前矗立的就是精心設計的住家型態，有一部分由木樁撐住。白色牆面、大片玻璃，因直線、垂直角度和曲線的精確安排而散發出活力，還有力量與輕盈的融合，都令人印象深刻。參觀結束後，我們就坐在公園欣賞風景；看看這棟擁有幾何輪廓、但隱身在樹林中卻毫不突兀的建築……

它是住宅，也是藝術作品；是人類的心靈，透過智慧和慷慨的分享而相遇的那一刻，必定會產生的迷人發現。

宮、防禦完備的古城卡卡頌（Carcassonne），或是亞爾的羅馬時代遺跡，永遠都會讓你眼花撩亂。就連法國人自己，也都不知道這些刻畫在石塊中的歷史故事，豐富到什麼地步；就可想像外國遊客有多驚訝！

要感受面對這些石塊的純淨之美而有的震懾感，並不是非得去古蹟不可。每個人都會以自己的方式，在最適當的時機，領受各自的驚為天人。可能是普羅旺斯某個騎兵修道院的古老城牆，在清澈細水輕顫著流出的噴泉旁，或是隱身在丘陵間的小教堂、散發出古老情懷的鄉間小屋的大門，甚至是半數牆壁都已傾圮的廢棄農莊。為了沉浸在即興迸發的各種想法裡，我們只能去觀看。南法的赭石色房子外觀，顏色有細微的變化；紅色的屋頂磚瓦層疊，如浪潮般一望無際地向遠處延伸；山林小村巷道的螺旋階梯；巴黎建築門面壯觀的傾斜角度，讓陽台的鑄鐵欄杆更加凸顯；還有在阿爾薩斯的幾個村落，小屋和窗台花壇交織錯落……

唯一永遠重要的路標，是我們內心認定的那一個。

你知道嗎？

依據旅遊景點的不同性質，遊客人數的排行榜也有好幾種。如果是全國性的紀念碑，摘下第一名的，是2018年吸引超過170萬遊客的凱旋門，位居聖米榭山（140萬）和巴黎聖禮拜堂（la Sainte Chapelle，近130萬遊客）之前。若以文化遺產來看，巴黎聖母院以1200萬遊客奪冠，領先蒙馬特聖心堂的1000萬人與羅浮宮的800萬人。然而，若看2017年旅遊景點的人潮數量，第一名則是……巴黎迪士尼樂園（約1500萬遊客），接著才是羅浮宮（810萬）和凡爾賽宮（770萬）。結論是：不要太迷信排行！

⬆ 位於諾曼地的聖米榭山。

⬆ 法國南部的中世紀古城──卡卡頌。

正統的
一千零一面

這 就是你期待的一刻——
輕柔的風琴小品！

⬇ 亞維儂教皇宮前的聖貝內澤斷橋。

你記得嗎？只要哪部美國電影拍到巴黎或外省村莊，一定會出現：彌賽特舞會的老調重彈。這就是許多人對法國的印象：一個很老派——說好聽點是念舊——風景十分秀麗的國家。古董都是「原汁原味」，彷彿一套完全沒有修補過的家具。時光永遠停滯，房子、石屋、橋樑和石版路仍然毫髮無傷。

許多人因此自豪，我們很難否認，法國是個隨便拍都美的國家。對某些人來說，能夠搏得這種異口同聲的讚賞也很驚人，因為我們根本不記得自己做過什麼了不起的事。但就如同我們說過的，這種對都市與城鎮的重視，並不是偶然：雖然古蹟的保存——尤其是當對古蹟的迷戀遇上經濟衰退的時候——是很大的困擾。但更深層的原因在於，它也是一面反映我們生活方式的鏡子，是一種自我肯定的方

式，還有個好聽的名字，叫做正統。

　　但不應該搞混的是，在法國，我們並不刻意宣稱自己是正統。以演員為例，我們追求的不是誇張的演出，也不強求效果。反過來，我們是受邀進入布景中，融入這些時而簡單、時而壯麗的城市風景，但有一個條件：要或不要，悉隨尊便。沒錯，其中的確有些不完美，像是風光旖旎、卻找不到路可以通行的村莊，文化多元卻喧囂的大城市，或是不受時間流逝鏽蝕、但有時消費卻高得驚人的地區。這就是正統的代價。若你想要的是重口味的華麗與媚俗，不如去拉斯維加斯，那裡一次就幫你準備好一整套。但在大西洋的這一側，我們偏愛的是真誠。雖然我們的確偶爾會用華麗的詞藻包裝、高談闊論；但若你花一小時到蒙馬特漫步，或是走遍普羅萬（Provin）、聖馬洛、亞維儂的小路，我們保證你馬上進入另一個時空，在那裡，生活曾是如此單純美好。在那裡，回歸本質就像是走在湧泉旁邊，捧一把水起來喝那樣地自然。

　　可別搞錯了：以為我們在這裡提到的，只是明信片上的風景。法國和其他國家一樣，也有悲慘的市郊、平庸的大型集合住宅，還有被自己的居民遺棄的村莊。同時，每年還是有成千上萬的遊客，貪圖著陳腔濫調的美好，被富庶的都市和迷人的鄉鎮吸引而來；這種對比之下的反差更加驚人。因此，當人們在吹捧法國有多美時，我們才比較能理解，為什麼會有人這麼驚訝？在這些建築和都市計畫都只能滿足最低需求的區域，該動手做、特別是該動手重來的事，還有很多。說它是個大型的工地，真的一點也不為過！不過，法國有真正的天分來重新思考空間規畫，也已經證明很多次了，這是我們下個世紀的挑戰。更何況法國還有個居高臨下的範例：凡爾賽宮是蓋在……沼澤地上的。只要有意志力，沒有什麼不可能的事，這就是證據。

"
巴黎
是一顆
千面鑽石

沒 有什麼不可能的事……這就是初次探索巴黎的遊客，所感受到的激動。

　　想來一部關於這座城市如何美好的三分鐘預告片嗎？建議你看看伍迪‧艾倫在2011年的電影《午夜‧巴黎》的片頭：那些吸睛的大道、美麗的露天咖啡座、巴黎歌劇院的穹頂、櫛次鱗比的鋅皮屋頂、蒙馬特街巷的路燈、杜樂麗花園的水池、凱旋門、在閃爍發光的巴黎鐵塔前方穿梭的地鐵，全都在裡面。即便你不相信巴黎是全世界最美的城市，也會馬上改變主意！不管你是攝影高手還是新手，幾張照片就足以捕捉這座城市的光芒，唯一的評語是讓人雙眼發亮。

　　這是真的，巴黎所蘊含的如花似錦，無論是舉世聞名或是更為低調的美麗，的確豐沛到不管哪個人花一兩個小時走在路上或花園裡，都會突然感到一陣靈魂的滋養。

　　這座城市有一股在其他地方都找不到的氛圍，在生氣蓬勃與沈思冥想之間取得平衡。我們在幾條大道上，欣賞劇院五顏六色的招牌時，幻想自己就是演員；發現戀人們開晃時所留下的鎖頭的那一刻，就感覺準備好要經歷一段愛情故事；我們在讀著牆面上的石板時，接觸到歷史。總之，我們在周遭的環境中忘我，才更能找回自己。

← 巴黎鐵塔與戰神廣場。

　　一切的一切，都對巴黎的魅力有所貢獻，寬闊交通幹道上櫛比鱗次的浮華名店、讓人回憶起古時城鎮的人口稠密地段，還有其中極具代表性的小徑、隱密的地點。你現在人在蒙馬特的浣衣舫（Bateau-Lavoir），是畢卡索曾經居住與創作的工作室。在蒙帕納斯某條死巷的巷底，你會找到亨利・米勒寫《北回歸線》（1934年由Obelisk Press出版）時待的房子。也別忘記讓自己在西堤島迷航，這裡的一切都會令人想起中世紀的巴黎，在聖母院和古監獄的塔樓邊。你想要一望無垠的視野嗎？那就在夕陽時分前往西堤島的北端，到綠林盜廣場旁的河堤走走吧；整排路燈在橫跨塞納河的大橋上閃閃發光。大皇宮的玻璃染上粉彩和橘色的各種細微變化，表面點綴著無數的光點。巴黎彷彿一顆在你眼前閃耀的鑽石，澄淨又華麗。你只是過客，卻已經有回家的感覺。這個城市的天賦，在於接納你之後，立刻就能讓你覺得熟悉。這就是為什麼，每個人眼裡的巴黎，會因為自己的喜好和一些出其不意的事件，而呈現出不同的樣子；就像是各自對莫札特的交響曲，或是莫迪里亞尼（Amedeo Modigliani）的名畫的體會一樣。

　　巴黎的街道名稱也是它無盡的魅力之一。有時候人們走某條路，只是因為它的名字很美而已。涂昂德大街（rue de la Grande Truanderie）、福斯坦堡廣場（place de Furstenberg）、白馬廊道

這就是法式生活！

探索巴黎最美的方式，就是把旅遊書丟在一旁，然後從巧遇開始。在某些地方，我們會以為進入了永恆。到修蒙山丘（Buttes-Chaumont）公園漫步吧，它不管在一年之中的哪個時節，都令人驚嘆；從博扎里（Botzaris）地鐵站出站，接著讓自己迷途在鄰近的小巷道中，穆塞亞街（rue de Mouzaïa）、丁香路（villa des Lilas）、美景街（rue de Bellevue）。欣賞半掩在柵欄後的小房屋。我們可以造訪那裡幾天，好好享受花園，在閱讀一本好書的同時，也試著聽聽遠方大城市傳來的喧囂。接著北上到通往平等街（rue de l'Égalité）的進步別墅（villa du Progrès），再左轉到自由街（rue de la Liberté）。多完美的行程啊！

（passage du Cheval Blanc）⋯⋯總比42街或第五大道好聽，對吧？我們的最愛，是位於第15區的卡姆洛貞將軍路（rue Camulogène）。沒錯，真的有這條路！我們留待你慢慢探索。旁邊就是一條廢棄的鐵道，真的值回票價。別忘記深入拉布拉多巷（l'impasse du Labrador）這個死胡同，去看看那裡19世紀的屋子⋯⋯

　　不論我們是為大型紀念建築傾倒，還是偏好祕境般的角落，巴黎都是要靠雙腳走訪的城市。法式幸福是一門悠然自得的藝術，即使是小細節，也能讓人為之驚豔：看看奧斯曼風格建築上的裝飾浮雕、聳立於十字路口的中世紀建築門面，以及佇立在聖日耳曼德佩區正中心的半人馬現代雕像。巴黎提供的可能性，多到我們覺得自己無法完整地體驗：她讓人神魂顛倒，但永遠不會讓我們誤入歧途。巴黎不只是光之城而已，更是世界之城。

⬆ 巴黎最有名的街道——香榭大道，從協和廣場延伸到凱旋門。

〞

無論我們從哪裡來，感覺都像在自己家一樣

這 種正統不是只能在巴黎才找得到，差得遠了。每個法國城市都有自己的特色，同時也結合當地遊客的性格。我們跟你打賭，很少有哪個城市或鄉鎮，沒辦法讓你立刻覺得像回到家的。

　　可能是讓你嚮往海洋的馬賽和它的港口，或是在街邊滿滿迷人酒吧的土魯斯，讓人能夠好好觀察時光的流逝；也可能是擁有許多祕密通道[22]和知名小餐館（bouchon）的里昂，或是像建築仙境般的科瑪（Colmar），每個街角都是拍下美照的機遇。現在，如果你在找尋的是一種特殊氛圍，就快點到不夜城蒙彼利耶，那裡成天都在慶祝。若是你偏好安靜與冥想，試試安錫（Annecy）平靜清澈的湖水。若你想在列為保護的古蹟感受文化的慷慨激昂，快到薩拉（Sarlat）去看街頭表演，或是在亞維儂藝術節期間造訪：7月時，在城區的巷弄中，薩拉邦舞曲的演出讓過去、現在與未來並肩而行，這就是你歎為觀止的時刻！看完表演後，和演出者一起到中世紀的老廣場去喝一杯。你是鬥牛愛好者嗎？那就在鬥牛節期間，好好享受尼姆或貝濟耶

（Béziers）的小餐館的鍋菜。到了夏末，不要忘記去里爾的舊貨市集自我療癒一下：北方人有點像他們的磚紅房子，乍看之下顯得嚴肅，但你很快就會覺得自己像是老友般，受到賓至如歸的接待。

　　每次的造訪都很愉快，用葡萄酒、啤酒或其他飲料來灌溉，讓人能夠暢所欲言，解放胸懷。我們已經提過每個地方都有各自的特色，也有自己的靈魂。對外地的遊客來說，這麼多元的文化，卻能在如此地狹人稠的地方共存，這點總是令人嘖嘖稱奇。就像風土一樣，人們也毫不猶疑地展現當地民情，滿足遊客的好奇心。請注意，要或不要，悉聽尊便！南部人多少都會有點高調，有些虛虛實實的趣事，雙臂總是敞開的。但說到北方人，就得花點時間才可能露出笑臉。不過，只要開始喝第二輪啤酒，就能確定你們已經成為一輩子的好朋友了。

　　每個人都有偏愛的角落，感覺自己和周邊的地理、氣氛和美食緊密共生。你想知道這些平靜的避風港在哪嗎？先說好，這是我們之間的祕密……在馬賽搭上火車，欣賞灌木叢生的石灰質荒地，和凸出於一片鈷藍色地中海之上的松林景致，然後在漁港小城卡西斯（Cassis）下車，會讓你馬上想起作家都德（Léon Daudet）或巴紐的字句。那裡洋溢著一股平和、明亮、非常獨特的氣氛，給了許多偉大的畫家靈感，如德漢（André Derain）、布拉克（Georges Braque）、

譯註：祕密通道（traboule）是穿過建築物中的小道，用以連接兩條平行道路，讓行人不用繞道至轉角處，就得以穿越通行，法國好幾個城鎮都有這種通道。其中最知名的是里昂的祕密通道，在舊城區就有215條。據傳里昂的祕密通道自公元四世紀開始出現，由於居民的用水需求，當時的房舍都是沿著頌恩河（la Saône）平行建造的；屋舍之間的祕密通道即可讓距離河岸較遠的居民走捷徑到岸邊取水。後至文藝復興時期，里昂絲織業發達，絲綢工人利用密道快速運送絲綢，也能避免絲綢被雨淋濕。時至今日，在經過住戶同意以及里昂政府負責維護之下，約有40幾條祕密通道開放給外人行走，成為里昂著名的觀光景點。

弗拉曼克（Maurice de Vlaminck）及杜菲（Raoul Dufy），而這並非偶然。你可以在充滿遊客的海堤上閒逛，好好享受細沙海灘。但若你想獨自安靜一下，可以到峽灣去健行，或是前往藏在崖壁的洞穴中划個小艇。晚上一定要漫遊在充滿粉彩建築的巷弄，到海邊的小酒吧坐一

⬇ 勾禾德（Gordes）山城全景，位於呂貝宏山區。

小時,吃點下酒菜,啜飲一杯在地佳釀。如同詩人米斯特哈(Frédéric Mistral)所寫的一樣:「去過巴黎的人,如果沒見識過卡西斯,就等於哪裡都沒去過。」完全同意!對我們來說,這是愜意的最高境界。至於你的,就等你自己去發掘了⋯⋯

阿爾卑斯山下擁有清澄湖泊的絕美中世紀小鎮——安錫。

小鎮是感恩的所在

你 一定記得我們在本書一開始就說過：法國是充滿最高級的國家。所以，歡迎來到這個擁有最多「法國最美小鎮」的國度！

這種事我們都曾遇過：只要抵達旅遊書上寫的村莊，就會立刻遇上一塊招牌，寫著「法國最美小鎮」。我們幾乎要覺得在整片國土上，法國最美小鎮的數量都快比郊區住宅還多了！放心吧，這種想法是錯的：在國內三萬個鄉鎮中，只有158個小鎮得到這份殊榮；即便其中有很大部分也當之無愧。這無疑就是「花城」、「花鎮」、「綠色度假勝地」、「法國最美的彎路」等等這類名號大量增加的原因。而且沒錯，形容詞永遠都是最高級！但它遠不只是反映某種自我滿足；這些如雨後春筍般新增的招牌，正證明了法國的豐饒是名不虛傳。每個小鎮都有其獨特性、文化遺產，以及專屬的氣氛。令人為之瘋狂的原因不計其數：可能是巴斯克地區的聖尚皮耶德波（Saint-Jean-Pied-de-Port），白色的外牆配上紅色或土耳其藍的百葉窗；或是諾曼地的翁弗勒港（port d'Honfleur）的木筋牆；還是薩瓦的堅固小木屋，或是沐浴在美好純樸中的普羅旺斯小屋。如果你想一次盡收眼底，就到阿維隆（l'Aveyron）的坎托布赫（Cantobre）走一趟。它是個懸在

⬆ 阿維隆的中世紀小村莊。

山脈側邊的中世紀小村莊，就像是活生生的鷹巢，凸出的平台懸空一百公尺，眺望杜爾比河谷的風景令人屏息。花點時間，讓自己在它的巷弄間迷路，往上走到老教堂，欣賞裝飾有謎樣圖案的三角楣……如果有哪個地方，能讓我們感覺自己身處世界的盡頭，一定就是坎托布赫了。

　　但水能載舟亦能覆舟，某些小鎮的確成了真正的名勝，我們也得坦承大量湧入的遊客，有時會損傷小鎮本身的魅力。就是因為這樣，當好天氣來臨時，我們會看見一大群遊客軍團，突襲亞爾薩斯希格維爾（Riquewihr）的花草巷弄，或在普羅旺斯-阿爾卑斯-蔚藍海岸大區的聖瑪麗山城，大肆入侵到彩陶店裡。如此一來，我們就很難欣賞土石、水流與綠林那如寶石般的美麗……而且，除非你有佛教僧侶般的耐心，或是如同橄欖球隊四分衛的強悍體魄，否則是不太可能拍到好照片的，照片裡總會出現多餘人物的手、肩膀或頭！所以，最好還是一大早就去參觀，或是避開旅遊旺季，那時候的街上空空蕩蕩，景點

位在普羅旺斯-阿爾卑斯-蔚藍海岸大區的聖瑪麗山城。

也門可羅雀，與周圍合而為一的感覺會更強烈。在這裡，大家沒有被螢幕、來電擴音或廣告訊息干擾分心的危險。我們直接深入本源。

　　沒錯，就是在這些小鎮，當地方魅力和美好的從容感受互相交錯時，我們確切感覺到法式幸福的心跳。不管什麼名號和導覽，我們只需放任自己漫遊。好好欣賞這些建築物的外觀，上面的每一條裂痕都訴說著故事。坐在噴泉邊緣，傾聽永遠按照時光流逝節奏的流水歌唱。享受舊洗衣場的涼爽，那裡還迴盪著女人們交流新八卦時的笑聲。仔細端詳從老舊牆壁的凹陷處冒出頭的蕨類，坐在長椅上休息，觀察往來的人們。在日落下，讓你的目光追尋燕子緩慢的滑翔。

　　我們雖然身在他方，卻非常貼近當下的自己。因此，強烈的感恩之情向我們襲來。這是對生活的感激，就這麼簡單。

從
一個視野到
另個視野

猜 猜看：無數人每年都是怎麼發掘法國的自然之美的？你有
沒有什麼線索？

　　答案很簡單，大家追的是環法自行車賽[23]。與其說大家觀看的是
運動賽事——如同大家所知，它已經不再是保證純天然的運動表現
了——其實大家關注的是秀麗的風景。這風景多美啊！直升機的視
角是我們夢寐以求的：翠綠山脈中的蜿蜒長路、小山丘邊彷彿懸空的
村莊、順著漫無邊際的海洋延伸出去的海堤，還有在廣闊無垠的原野
上緩慢前進的參賽者……這是真的，在我們目不轉睛、眼花撩亂的時
候，幾乎都快忘記他們的存在了。

　　每年有為期三週的時間，這項傳奇賽事的籌備者所呈現出來的，
是明信片般的風景，而且我們有時候真的會覺得自己在做夢：在這麼
小的領土裡，怎麼可能會有這麼壯麗的景象？

　　而且，他們拍出來的還只是腳踏車騎得到的地方而已……但光是

---

[23] 譯註：自1990年代起，環法自行車賽參賽者使用禁藥的疑慮一直是爭議的焦點。1999至2005
年連續七年奪得冠軍的阿姆斯壯（Lance Edward Armstrong）因使用禁藥，於2012年調查結
束後，被撤銷賽事成績並終身禁賽。而2006年的冠軍蘭迪斯（Floyd Landis）則在該年賽事結
束後立刻檢驗出違禁藥物，遭直接撤銷冠軍頭銜。除了禁藥風波，近十年來更有參賽者在自行
車上加裝電動輔助馬達的違規行為，嚴重違反運動家精神。

⬅ 巴斯克地區的聖尚皮耶德波，由此開始聖雅各朝聖之路的法國之路。

↑ 每年7月舉行的環法自行車賽。

這樣，景點的包羅萬象就已經令人目不暇給。

　　讓我們來看一下地圖：一眼就能看到法國不只坐擁大西洋，也囊括了地中海、阿爾卑斯山、庇里牛斯山，還有適合農耕的平原和森林地帶。就彷彿某一天，仙女們俯身傾向歐洲的這一端，然後宣布：「就是這裡，我們將在這裡匯集所有的美麗，舉辦一場自行車賽，這樣大家都可以欣賞！」

　　再說，環法自行車賽呈現的，還只是7月份的法國而已。我們都忽略了這塊土地很幸運，得以體驗分明的四季，在每年的各個時節，都帶給我們特殊的風貌。你喜歡雪嗎？阿爾卑斯山脈會讓你著迷；別忘記還有侏羅山脈深處，蜿蜒於針葉林中的滑雪道。在漫無邊際的冰雪世界散步是真正的幸福，那裡的空氣純淨，能夠重振心靈，冰雪在腳步下嘎吱作響。回到溫暖的地方時，指尖傳來一陣麻麻的感覺；在這樣的時刻，人們想起孩提時代單純的快樂。大家把手伸向火爐，桌上擺著一杯茶或蒙德斯紅酒。冬天是必須善待自己的季節！到了春天，花朵再次在草原上零星綻放，人們重新開始漫步，也再度探索通往更遠處的路。我們心情輕快，發現自己突然開始哼起尤蒙頓（Yves Montand）在1968年的歌〈騎著單車〉（À bicyclette）。唱歌不是為了表演，而是因為我們沿著灑滿陽光的河岸行進，或是在鄉間小徑迷途。夏天是香氛和色彩的交響樂，北方的麥田隨風搖曳，還有南部被烤焦的土地。我們因為發現了出乎意料的奇觀，覺得有點目眩神迷，像是胡西雍（Roussillon）的赭石礦，或是鄰近阿普特（Apt）的奧珀代特（Oppedette），刻畫著如科羅拉多的峽谷。還有庇里牛斯山中驚人的加爾瓦尼（Gavarnie）冰斗，或是位於法國境內加泰隆尼亞自治區的泰特河畔伊勒（Ille-sur-Têt）玄武岩石柱群。為什麼不從阿爾卡雄（Arcachon）海灣上、高一百多公尺、擁有獨一無二的壯麗景致的皮

拉沙丘（la dune du Pilat），嘗點撒哈拉沙漠的滋味？這是健行的季節，人們啟程去接觸最豐沛的自然，但也別忘記在沙灘上慵懶一下。要是你從沒去過科西嘉島，現在是最好的機會：在時而乾燥、時而濃綠的風景走了六小時之後，什麼都比不上在如夢似幻的小海灣浮潛，迷失在世界的盡頭……最後是秋天，這時正適合俯瞰不列塔尼崎嶇的岩岸，以及被海水磨得光亮的動物形花崗岩；別忘了還能到森林長途漫步，像是布勞賽良德魔法森林（Brocéliande），或是奧維涅的高地。在孚日山脈的某些角落，紅赭色的葉片幾乎讓人想起加拿大……

　　仙女們真的很有本領：你不需要離開法國，就能環遊世界80天了！

⊙ 庇里牛斯山中驚人的加爾瓦尼冰斗奇景。

在自己的國家當遊客

別忘了法國還有許多島嶼，是在世界彼端的寶貴珍珠。法國幸運得不可思議，還能夠指望真正的人間天堂；光是提到它們，就讓人想拋棄大城市的一切，跳上船出發冒險。

馬丁尼克、瓜德洛普、留尼旺、新克里多尼亞、向風群島、茉莉亞島、大溪地[24]和馬克薩斯群島，就像歌手布雷爾（Jacques Brel）歌裡所唱的那麼美好……我們認得這些引人入勝的每張照片，土耳其藍色的礁湖，海灘上長著椰子樹，潔白的沙子……瀑布在叢林中迸射飛濺，樹木在異國水果下搖搖欲墜，五顏六色的花朵，花瓣彷彿是寶石、是綢緞……有時塞在車陣中動彈不得時，我們就會自問，明明我們可以像現代魯賓遜一樣，在幾千公里外擺脫身外之物、享受人生，那現在到底在這片愁雲慘霧中幹嘛？

注意了，明信片在這裡再度冒出頭！我們也得注意到，在這些夢幻島嶼上，生活不是只有玫瑰泡泡。那邊的消費可能比較高，生活也比較困難，偶爾還得承受可怕的天災。它讓我們重新檢視自己、檢視我們的遲疑和脆弱。如果「颶風」這個詞會讓你失眠，或是網路連線

---

24 譯註：向風群島（Îles du Vent）、茉莉亞島（Moorea）、大溪地（Tahiti）均屬於法屬玻里尼西亞群島。

↑ 茉莉亞島的珊瑚礁潟湖的海上度假村。

稍微中斷你就有恐慌的危機感,可能會有幾次這類的重大孤寂時刻等
著你撐過!但不管怎樣,如果只是度個假,它還是值得一試的體驗。
暫時登出,讓自己歎為觀止,並珍視逝去的時光。面對浩瀚無垠的太
平洋做白日夢。你就會發現,自己是如此脆弱,卻也同時充滿生命
力。

　　我們就私底下說吧:還有什麼是比在自己的國家當遊客,更能擴
展視野的?

鬼斧神工 的大自然

步 行、騎單車、滑雪，要玩飛行傘或搭船遊河又有何不可？
只要我們肯花時間去發現，法國就會盡情地展現自我。

這些長途跋涉，提醒了我們一個關鍵：我們身為人類，也是大自然的一部分。雖然我們的確會改變她的樣貌，但最重要的是我們屬於她、依賴她，也臣服在她的美意之下。找一天大潮的時候，到大西洋岸邊去看看：你就能觀察到，在面對環境的反覆無常時，人類有多渺小、多窘迫。而且在法國，關心生態論述的人愈來愈多，不是沒有原因的，從日常小事就觀察得到它的影響。假如你去逛超市，這十年中，會看到有機產品的貨架數量變成以前的四到五倍。同樣地，目標在於讓人們對環境負責的措施，也愈來愈多元，像是保持自然景觀的整潔，或是垃圾的分類與回收等。這樣做還不夠，但只要每個人都接受自己必須盡一份心力，就能對地球的保育有所貢獻，為了自己，也為了下一代。

因為大自然也跟我們一樣：在悉心照顧、讓她開花結果的條件下，她就有特別的潛能。只要下點苦功、給予充裕的注意力和耐心，我們就得以成就大事。這就是莫內、皮薩羅、塞尚和梵谷，在他們的作品中識破的祕密嗎？在他們的畫筆下，風景改變了面貌，美麗與真實同時爆發。是的，我們每個人，都是宇宙這幅浩瀚無垠作品中的一

抹色彩。我們同時是這個奇蹟的演員，也是觀眾。

　　如果你想知道時間這個放肆的雕刻家，能夠完成什麼鉅作，就去洛澤爾的阿爾蒙鐘乳石洞（l'aven Armand）看看吧。在搭纜車體驗令人印象深刻的下坡之後，會抵達一個巨大的洞窟，大到能夠裝進巴黎聖母院的中殿。我們想像得到，最初用繩梯垂吊到一片虛無之中，從而發現這座從地底深處竄出的石筍和鐘乳石林的第一個人，會有多震驚。在探照燈的光束下出現的是奇形怪狀的謎樣型態，一下子看起來像鳥、一下子看起來像巨大的蔬菜；也可能像一整疊的盤子，或是成群掛在石灰岩壁上的水母。在目光所及之處，我們置身在石頭的仙境中，它們絲毫不仰賴人類，造就它的只是大自然時光與季節的流逝，再加上水和石頭。這些奇觀為了我們而存在，它們就在那裡，等了我們幾百萬年。現在，輪到我們成為它們的守護者，為它們未雨綢繆了。

　　我們重新回到地面，仍然被奇景圍繞；看看四周的丘陵、草原或露出地表的岩石。地球的能量穿透了我們的最深處。

　　在法國，你只需要睜大雙眼去看，就能發現曠世奇觀。

你知道嗎？

阿爾蒙鐘乳石洞是法國最美的洞窟，獨一無二，充滿魔力。它位於地表下一百多公尺處，讓遊客深入超過400座石筍林的中心。最特別的是，其中包括現今世上最巨大的石筍，高達30公尺。依照一年一公釐的累積速度，得花上將近三萬年，才能達到如此驚人的尺寸。

Chapitre 4
Le souffle de l'esprit

心靈的微風

❺ 法國是文化豐富人文薈萃的國家。

法

國是浪漫生活的地方嗎？事實就是如此。她是樂土嗎？可以這麼說。

然而，法國也是文化十分豐富的國家，有許多先人在歷史上留下痕跡。她是所有革命的中心。首先當然是政治上的：1789年的法國大革命，在人們心中深植了這個想法——法國的天職，在於為全世界的人民，示範改變的道路。接著，還有科學、藝術及思想方面：我們有未來的畫家、創新思想的潮流、明日的文學、重大的科學發現，還有流行新趨勢等。長久以來，法國都被視為通往現代化的道路指點迷津的國家。

在1870到1920年間，法國是幾次當代重大美學革命的發源地，先是印象主義，接著是超現實主義。法國不僅催生出無數的創作者，更十分自豪地歡迎外國藝術家與知識份子，讓他們在各自的領域，提出全新的世界觀。舉幾個有名的例子？梵谷、畢卡索、史特拉汶斯基、海明威、布朗庫西　和尤涅斯科　等。要是沒有碰上巴黎那時洶湧流竄的藝術騷動，他們的職業生涯會變得如何？在那個年代，巴黎就是「這個地方」（the place to be），是人們完全擁抱存在的狂熱城市。即使這些偉大創作者，大多數一開始都過得窮困潦倒，但他們都還是懷抱著這樣的意識：就是在巴黎，在這個想法與交流沸騰的中心，他們的才華終將獲得應得的認可。

譯註：布朗庫西（Constantin Brâncuşi，1876-1957），雕塑家和現代攝影家，出生於羅馬尼亞，在法國接受美術教育，畢業後前往巴黎發展，一生大部分時間都居於巴黎。布朗庫西曾在羅丹的工作室學習兩個月，之後因為藝術風格與志向不同而求去。布朗庫西拒絕追隨當時流行的立體主義，致力於保留雕刻材料原本的特質，將形體的高度單純化，形體的塑造只要能表現出主題最基本的特徵即可，追求材料的原始，不多以人造細節破壞。他從根本上改變了人們對雕塑藝術的傳統觀念，被譽為西方現代雕塑之父。

譯註：尤涅斯科（Eugene Ionesco，1909-1994），羅馬尼亞裔的20世紀法國劇作家，以荒誕劇著稱，也著有大量散文與隨筆，成名作為《禿頭女高音》及《犀牛》。其作品充滿人生的荒誕不經與虛無，認為世間的行為皆不斷重複且毫無意義，死亡最終降臨。

印象派畫家梵谷。➡

◀ 巴黎是智識萌發與交流想法的中心。

沒有自由，
就沒有創意

這種迷幻又令人陶醉的氛圍，這種一切都有可能的感覺，到底是從哪裡來的？難道只因為奇蹟般的人文薈萃嗎？還是只是純粹走運而已？

我們覺得真相應該複雜得多：天才從來不會偶然蹦出來。它不只是努力不懈的果實，也是有利於認可作品的社會氛圍，順水推舟的結果。才華洋溢的人會互相吸引；而如果法國長久以來，都是創新的引力中心、引領潮流之地，那也是因為這個永遠堅定不移的信念：沒有自由，就沒有創意。

但提倡自由的人，同時也提倡自由思考，他們有強烈的自我表達欲望，不計代價，也不管結果是否盡如人意。你想考驗德國、比利時或英國朋友的耐心嗎？來場聚會吧，什麼主題都可以。十分鐘後，全部的法國人都會同時開口！他們熱愛表達個人意見，但通常不太擅長聽別人講話。比起僵硬的組織，法國人比較喜歡口語表達的自發性。既然他們從來不討厭用華麗的辭藻來支持自己高貴的理想，我們幾乎可以說，每個人的內心都住著一位雨果！

好吧，讓我們誠實一點，不是所有人都有《悲慘世界》作者的文采，視野的高度也不同。儘管如此，法國人從來不吝於表達自我，而且通常只消在喝酒聊天的時候，他們的意見就會毫無預警地冒出來。

這就是法式生活！

自由這個價值，深植在法國文化的基因中。以笛卡兒為例，17
世紀時，他發展出重要的科學與哲學論證，卻跟當時的主流想法
相左。他沒有放棄自己的思想，移居荷蘭多年，那段時間，他的
作品在法國被大量地閱讀與評論，顛覆了當時的整個哲學界。笛
卡兒忠於他對真實的理想，是法國知識份子的先驅，毫不猶豫地
肯定自己的獨立性，來捍衛他的信念。之後的伏爾泰、雨果或沙
特，都在他們各自的時代，具體展現了自由的個人及普世價值。
他們證明了人能夠在完整活出自己人生的同時，也能對大眾有所
貢獻。為了彰顯新世界對自由這個傳統的榮耀，如今在紐約海邊
迎接遊客的自由女神像，是雕刻家巴索蒂（Auguste Bartholdi）的
作品，他是法國人，完全想像得到！

因為在法國，人們熱愛改造世界……
我們不是閒著沒事才發起革命的！因
此，聒噪和愛批評的名聲，總是黏著
他們不放，也很難有人能出其右。對
既有秩序的抗議是必要手段，不管是
在新聞專欄，還是在酒館裡朋友間的
談話。甚至有段時間，革命還成了全
民運動……

然而，也是這樣的自由論調，打
造了利於新想法湧現的情境。記得
嗎？才在不久之前，來自法國的事物
都被視為複雜精緻的巔峰，像是新小

↑ 法國人從來不吝於表達自己的想法。

143

說、新浪潮電影，甚至是新料理……法國是現代化的極致，而且還很優雅。而每一次，大眾渴望著用來思考存在的，是這種絕對全新的方式。世界確實是開放的，我們從中獲得養分，也包括我們的外在感受所帶來的一切。想想貝克特這個沒沒無聞的愛爾蘭人，被巴黎的光采吸引，受到Les Éditions de Minuit這家前衛出版社的支持，革新了20世紀的戲劇，為法國文化增添了新的色彩。這就是為什麼要跳出框架思考……

"

辯證觀念
的
世界冠軍

就算只有一個人，也能夠以「理」來對抗全世界：在左拉與卡繆的國度中，這就是不可觸犯的天條。

　　這種依據自己的準則，來思考世界的天賦，風靡了整個世代的藝術家，不管是「失落的一代」的美國作家，或是全球的電影工作者。想想高達在1960年的電影《斷了氣》（À bout de souffle），要不是在這個充滿勇氣與想像的城市，還有什麼地方可以拍攝這麼創新的作品？碧姬・芭杜在她的黃金年華所散發的魅力，又代表了什麼？她在很早之前，就為法國女性樹立了自由、桀驁不馴，對流言蜚語漠不關心的形象。

　　因為自由也代表著爭議，這也是法國散發如此魔力的另一個原因：在辯證觀念上，她無疑是世界冠軍。自從印刷術問世之後，法國出版過多少回應報導權、宣傳小冊子、告誡通知或批評短文？它們可以塞滿整個圖書館。的確，法語文法博大精深，有時複雜得令人不敢置信，因此成為最適合論戰的語言，什麼花招都變得出來。你得相信，「陷阱」、「連音錯誤」[27]，和「大雜燴」這些字詞會發明的原

---

[27] 譯註：「chausse-trape」字面直譯為「絆住鞋」，外觀為四芒星散射狀的尖刺物，用來阻擋敵軍前進，引申為陷阱之意。「pataquès」則用來指發音連音上的錯誤，尤指以字尾「s」連音的發音被「t」取代的情況。

◀ 思想家伏爾泰的雕像。

因，真的就只是為了描述**那一件事**而已！外國學生甚至會驚恐地發現
它的例外比規則還多……簡單說，這就是法國人的語言啊。

　　我們的批判精神會提出異議，認為這是因為人們的自我太愛反
抗。但我們也能夠肯定，這種尋求最精準字詞或最適切成語的願望，
是高尚心靈的某種形式。在法國，人們能夠為了彰顯真相而激烈爭
吵，不然除了法國知識份子以外，還有誰能在1898年，針對德雷弗斯
事件[28]完整寫出一篇〈我控訴〉（*J'accuse*）呢？左拉的這篇文章，遠
不只是印在紙上的幾個字而已，更表示正義是我們應該堅決捍衛的理
想。在這個作家與思想家的國度，我們對文字有忠誠的信仰，因為它
們能夠改變歷史的進程。這就是為什麼法國至今仍保有這樣的光環：

---

28 譯註：1894年10月，一名猶太裔陸軍上尉德雷弗斯（Alfred Dreyfus）遭指控向德國洩漏軍事
　機密，雖無確鑿的證據，卻因當時法國的國族主義、社會上的反猶風氣及軍方試圖掩蓋內部醜
　聞等因素下，德雷弗斯仍被以叛國罪名終身監禁。此後重啟審判的衝突加深保守派和共和派之
　間的裂痕，演變為延續多年的政治鬥爭，直至一次大戰前幾年左派政府掌權，為德雷弗斯平反
　之後，事件才告平息。

你知道嗎？

法語和英語同是在五大洲上，都有人使用的唯一語言：法語人口
有三億之多，是全球第五大語言，也是繼英語之後，第二多人學
習的外語。法語中常用字的數量其實並不多，完全推翻世人頑固
的想像：法語常用字大概只有五萬九千字，英語則有七萬字。

⬇ 位於蒙馬特公墓的左拉墓園。

⬇ 如詩如畫的莫內花園一景。

在這個國家，人人可以完全做自己，也能對陌生人極度寬容。

法國文化引發的爭議就像許多刀光劍舞：印象派畫家蒙受嘲笑，超現實主義者更是如此，某些知識份子的辯論在報紙或週刊輪番上陣，還留存在人們記憶中。因為捍衛一件作品、一本書、一幅畫、一份報紙、一種世界觀，皆舉足輕重！在這些或多或少都會留下墨漬的筆戰中，涉及到的無非是每個人生活與思考的合法性，以及最終的存在意義。

法國是推崇文采風流的國家嗎？是的，她也是充滿奇想的國家。

你知道嗎？

一開始，出自藝評家樂華（Louis Leroy）之筆的「印象派」（Impressionnisme）這個詞，極具貶義。他嫌惡這種新流派的繪畫，以他的審美觀來說不夠真實。樂華看了莫內在1872年的作品《印象・日出》，覺得太過草率，於是決定為這種新風格冠上一個戲謔的形容詞：印象派！最初只是玩笑話，卻隨著時間，轉而成為全世界都欣賞的畫派。

文化
無所不在，
文化人人皆宜

法 國往往被形容成「保守國家中最創新的國家」：凡爾賽宮也好，1968年的「五月風暴」也好，都為其感到驕傲。

　　聽起來不合常理嗎？只是表面上而已。大家都知道這個國家偶爾會被突如其來、極具破壞力的暴怒籠罩。有幾次的疏通管道是政體改制，其他時候則只是突然的情緒翻騰而已，根本的問題一點都沒改變。對權力的挑戰是百分之百的法式準則，這都是根基於顯赫的知識遺產。對於「法國人可以自己掌權，但不管是怎樣的權力，都必須受到監督」這樣的想法，啟蒙時代的哲學家們扮演了重要的角色。世人都知道畫家德拉克洛瓦（Eugène Delacroix）在1830年的作品《自由領導人民》（La Liberté guidant le peuple）就是多數法國人感受的展現：革命的堡壘是合法的，但前提是它必須以基本原則之名來打造，而所謂的基本原則，必須讓人民透過教育和知識就能得到。

譯註：1968年適逢法國戰後嬰兒潮世代就讀大學的時代，因為大學生人數眾多，教育資源嚴重不足，因而發起抗議。為抵制不合時宜的教育體制和僵化的社會體系，學生們從3月底開始零星抗爭，占領巴黎第十大學及索邦大學，並接著於5月13日舉行全國性的大罷課，掀起癱瘓社會近一個月的「五月風暴」，即「六八學運」。此舉獲得勞動階級的響應，5月30日在香榭大道舉行反戴高樂政府的大遊行。最終，六八學運雖然無法推翻政府，但它驅動了十數年後法國一連串的社會與政治變革，例如左派意識抬頭、女性地位提升、民主自治、環保思維與非主流文化等多元發展。

⬆ 舊時百元法郎紙鈔上的畫家德拉克洛瓦像。

這解釋了為什麼文化在法國人的日常生活中，占據如此重要的地位：人們覺得要有文化才能幸福，也向來認為讓不管來自哪裡的人都接觸得到文化，是領導者的義務。知識不是奢侈品，正好相反。就是因為有知識，才能滋養心靈，允許我們理解這個世界，並得以謹慎前進。而且近幾年來，個人成長類的書籍會如此推崇法國，也不令人意外：法國人身為蘇格拉底的追隨者，總是在追尋認識自己。這種行為並不自私：相反地，他努力去定義自身與周遭世界之間正當且和諧的關係，這就形塑了生活的愉悅最好的定義。

雖然在近幾十年，共和國平等和博愛的理想偶爾會馬失前蹄，但也從來沒有違背它想要納入所有人的意圖。當然，群眾本來就有反叛的天性，而且在批判的時候，才能發揮這種精神的精髓：這就是為什麼他們總是很快就準備推翻那些僥倖的天選之人，讓他們跌下神壇。還好這讓推手們可以隨時展現他們的天分與能耐，讓他們總是有理由可以驕傲……

在法國，創作的直覺是天生的：比起需要開發的天分，它更像是一種道德義務。因此許多作家、哲學家以及畫家都在這裡誕生。而且因為靈感具傳染性，因此可以即時傳送給一起浸淫在這種氛圍的人。就如同海明威拂曉時在護牆廣場閒晃一樣，我們往往覺得在法國，只要悠閒漫步，就會有這次輪到自己變成小說家或詩人，振翅而飛的感覺……

書店天堂

各 式各樣的博物館、圖書館、表演和慶典……對於想要學習、超越自己的極限、探索未知，並讚歎自己即將發現什麼的人來說，法國還是最棒的選擇！

🔽 書店，就是法式日常生活中文化表現的象徵。攝影：陸緯。

而且，對第一次停留在這個國家的旅客來說，其中最深刻的感覺，就是他不知道要轉往哪個方向，因為能讓他充實內在的機會琳瑯滿目。

僅僅一間書店，就是日常生活中文化表現的象徵。即使書店的數量比以前少了許多，還是與咖啡館和麵包店一樣，自然而然地刻畫在城市風貌中。請告訴我們，還有什麼比到書店買一本書，還要理所當然的？而且，就是走在國外的路上時，才會知道我們生活在法國，的確是比較幸運一點。到倫敦或紐約繞一圈看看，你可能得費番工夫，才能找到一間還有營業的書店。大部分書店都關了，它們是和電商平台——不管是宅配還是電子書——競爭下的犧牲者。法國就不是這樣，而且這顯然不是巧合：書本遠不只是人們可以輕鬆塞進口袋或包包的小東西而已；書是

避難所，象徵著我們對知識的渴求。

而書店是再造心靈與發現內在新視野的完美祕密基地。承認吧，徘徊在書架間的感覺總是令人陶醉。我們欣賞精裝書，拾起一本書，隨手用指尖啪啦啪啦地翻掀書頁，只為了呼吸新鮮紙張與墨水的完美香氣，這樣單純的喜悅。真的是知性帶來的清新活力！人們可以做白日夢，這裡讀一段，那裡抄幾行，品味一段描述或名言，嘗試讀讀新作者，如果有特別偏好的作家，也可以到那裡找尋新作。每本書都是一趟冒險，是給讀者的一小塊虛構世界：沒有什麼比書更能讓人追尋自我最美好、隱藏在內心最深處的那一面。

這就是法式生活！

最後，書店也是適合認識不尋常讀者的地方。有天，一個之前開二手漫畫店的漫畫家朋友，跟我們說他的熟客的有趣故事。這位勇敢的中年男子，狀態維持得不錯，準備好要撒大錢入手《丁丁歷險記》的原版──那是非常罕見的版本，很難找到。奇蹟發生的那天，這個男子衝進書店，要求和那集寶貴的書冊面對面，在小房間裡獨處幾分鐘。一沒有人在看（或至少他是這麼以為）的時候，他就翻開那本書，然後……開始猛嗅味道。每當有書進來他都會重複同樣的舉動，所以我朋友很好奇，問他為什麼要做這麼詭異的事？這男人的離奇儀式並不是故弄玄虛，他坦白告訴我朋友，因為最初的版本是用某種特定的墨水，印在高級紙張上，即使過了許多年，原本的氣味還是保存得很好。在緩緩嗅聞這些珍貴作品的書頁時，這位先生重新找到的，就是當年父母送他艾爾吉（Hergé）新書的《丁丁歷險記》時，感覺到的那種驚喜。能夠全然再次體驗這種單純幸福時刻的唯一方法，就是把頭深深埋進書裡，真的是直接把頭栽進去！

◀ 塞納河畔知名的莎士比亞書店。

而且有些書店的確是神奇的地方：有機會的話千萬不要猶豫，就到上普羅旺斯阿爾卑斯省的巴儂（Banon），去逛逛布魯特（Le Bleuet）書店吧。像這樣的書店不是天天都看得到的！我們從一個房間到另一個房間，爬上樓梯，發現不太可能存在的隱密角落，正以為自己迷失在店裡，建築物卻還在延伸。對書籍愛好者來說，這裡真的是阿里巴巴的寶庫。

　　若你還有一整天的時間，請迅速前往伊勒-維萊納省（Ille-et-Vilaine）的貝謝雷（Bécherel）。這個不列塔尼小鎮有15間書店和二手書店，別忘了還有和印刷業相關的手工藝品店。如果你在找一本絕版已久的書，有機會找到的地方，就是在這裡。更別說你可能會對壓根沒懷疑過是否存在的東西，產生好奇心！也許他們出版過一本關於花園小矮人社會學的評論，或是教你面對大象暴衝和鱷魚攻擊時，如何逃生的工具書。第一個例子我們不敢太肯定，但確實有後面那本書！

　　然而，書店也是和精明又熱情的書蟲相遇的地方──因為真的要被咬過，才會花時間在這種充實心靈而不是帳戶存款的活動上！書店老闆能在迷宮般的書堆中指點你，引導你轉向某種文體或類型，而不是其他類別，還能帶你發現最新的寶藏……別忘了，交流永遠是法式幸福中最重要的。

　　我們得承認，說到**感覺良好**，其實還有簡單得多的方式。但這個小故事完美說明了書籍在法國人心目中占據的地位：書不只是物品，而是朝無盡的宇宙航行……或遇見自己的內在小孩的最理想方式。

你知道嗎？

2016年，法國有一萬五千間商店從事經常性的書籍販售（包括大賣場及公眾場所設置的銷售據點），其中3861家是書店，構成全球密度最高的書籍銷售網。2017年，法國有2億8600萬名消費者購書，各類型書籍總計賣出3億5600萬本，銷售金額將近27億9200萬歐元，相較於2016年下降1%。

....

⊙ 巴黎塞納河畔的舊書攤，也販售海報、畫卡和明信片等。

文化，
世界的
十字路口

另個「朝聖」的地方，就是博物館了。法國到處都是博物館！繪畫、雕塑和藝術作品就不用說了，但還有靈車、開罐器和潛水服的展出！

再說一次，我們可以說法國人喜歡擺架子，還有什麼都能當作文化遺產的小怪癖，彷彿連他們最不重要的收藏品都蘊含一股精神。確實如此，但我們也能從中看到對起源及傳統的熱愛，傳授過往時光的教誨和賦予意義的意念，更別忘了對民俗的熱愛通常因會心一笑而倍增。因為，除了把過去擺進展示櫃的意圖之外，我們還渴望分享某些由物件、工藝或習俗具體呈現的價值。收藏品是一面鏡子，反映出的，是在某個特定時刻，將一個社群團結起來，並讓其中的成員能夠和睦相處的事物。就這方面來說，博物館也是實至名歸的地方，提醒了我們也是人類歷程的一部分；而強化群體生活最好的方法，還是去追思所有將我們交織在一起的一切。就算是開瓶器，對我們之中的許多人來說，也是很有意義的象徵！

而且，就是這份讓所有人都接觸得到文化的企圖心，敦促了大型國家博物館的管理者，讓他們在巴黎以外的地區開設分館。於是，龐畢度藝術中心在法國東北方梅斯（Metz）設置了分館，並且在外省的

⬇ 巴黎羅浮宮及其金字塔。

多個城市舉辦巡迴展覽。羅浮宮則是前進朗斯，別具象徵意義：羅浮宮北部分館的現址建造在舊時的煤礦場上，彷彿正是為已消逝的過去榮光，與仍然崇尚重要藝術學派的現代，打造了一座銜接的橋樑。龐畢度藝術中心梅斯分館和羅浮宮朗斯分館，證明了傳統遺產與新穎活力並不牴觸，事實正好相反。

　　為了更進一步推廣法國文化廣博的傳統，羅浮宮甚至開始輸出：阿布達比羅浮宮在2017年底敞開了大門。我們可以自問這樣的決定是否恰當，也可以拒絕承認它在金錢或象徵上的意義。羅浮宮是不是就單純變成一個品牌了？我們該把藝術視為可以買賣的物品，就像一瓶清潔劑或一輛汽車嗎？這類的問題浮出檯面。

　　除此之外，我們也可以告訴自己，雖然政治、商業或國家利益會劃分疆界，藝術卻能夠凌駕這些差異。藝術作品不只是一個物件，它本身就蘊含著訊息。不要低估馬內的風景畫、高更的肖像作品，或是布拉克的抽象構圖所擁有的表達力道。以這些作品引人深思的能力與無可妥協的美麗，它們最終說的都是同一種語言：自由。要說法國希望傳遞什麼訊息給外國人，就是「另一個世界永遠都可能存在」，而那個世界有賴我們大家去創造。

轉角
遇上節慶

這樣的活力，還有其他的證明嗎？答案就是各式各樣的節慶活動。我們可以肯定地說，蓬勃發展的表演，是熱愛法國文化的基本要素。

　　它的力量在於直接接觸大眾，不需要媒介。撩動原始的情緒，引發的感受更為強烈，因為這是你在音樂會的空間或戲劇演出中，和一群陌生人的共同體驗，而他們也成為你的旅伴。

　　法國節慶之所以特別的原因，在於它常在各種場所展演，富有各自優美與象徵意義的大都市、公園、歷史景點或花園，都成了真正的舞台。有什麼能比在亞維儂、薩拉或奧里亞克（Aurillac）觀賞一場當代戲劇，接著在城裡的小巷道漫遊，還要更迷人的呢？又或是到楓丹白露宮的花園，去欣賞才氣縱橫的吉普賽爵士樂手的演出？這就是法國節慶擁有無與倫比魅力的原因之一：它的藝術創作，以及藝術創作得以蓬勃發展的環境，這兩者之間相輔相成，激發出夢幻又放縱的獨特時刻。聽見演員空靈的聲音或吉他柔和的曲調時，我們會感覺到，這場和音樂的約會完全是自然而然的，它用了一輩子的時間在等待我們，也將永遠刻畫在我們的記憶裡。

　　每場節慶活動都會在觀眾的生命開啟一道裂縫，倘若我們接受的話，通往永恆的道路就此永遠敞開。

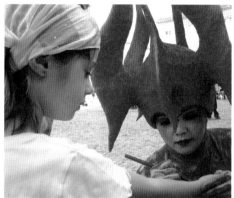

⬇ 亞維儂藝術節的表演者與觀眾互動。攝影：陸緯。

這就是法式生活！

有時候，這些地方真的是不可思議。誰要打賭，在熱爾省
（Gers）一個距離最近郊區要一小時車程才到得了的小村莊，居
然有爵士音樂節？對藍調爵士的愛好者來說，馬西亞克音樂節（le
festival de Marciac）已經成為非朝聖不可的盛會了。它的氛圍十
分特殊，人們漫步在地手工藝品攤和唱片行陳列架的同時，每個
街角都有樂團表演。這也許是發掘明日之星的時刻！到了晚上，
全球知名音樂家登上大舞台。小號手馬盧夫（Ibrahim Maalouf）和
馬沙利斯（Wynton Marsalis）、吉他才子拉葛蘭（Biréli Lagrène）
和擁有天籟之聲的傳奇歌唱家羅玧宣（Youn Sun Nah）連番上陣
……時間彷彿凝結，存在的就只有在音樂的浩瀚海洋中，融合為
一體的聽眾與演奏者。接下來，在掌聲漸止、燈光重啟之後，人
群散去，徜徉在附近的原野中。看著滿天的星星，恣意任蟋蟀的
歌聲包圍我們。在那些時刻，生活是那麼寧靜！我們幾乎都快自
我懷疑，這一切到底是不是真的了……

↑ 有什麼能比在亞維儂觀賞一場現場戲劇、音樂或舞蹈演出，還要更迷人的呢？攝影：陸緯。

創作，
放膽去做
就對了

不免俗的，一場爭辯又浮出檯面———別忘了我們可是在法國。法國文化是否面臨危機？乍看之下似乎很難相信。

　　我們從沒產出過這麼多書籍、電影或表演。來自全國最優秀學院的重量級知識份子，經常是各式刊物的焦點。坎城、多維爾（Deauville）或安錫年年舉辦享譽國際的影展。然而，當我們仔細端詳，卻又不免懷疑起來。

　　當然，出版社發行了許多法國作家的作品。但如果排除三、四個名號響亮，20年來常據書店櫥窗寶座、也常出現在大賣場陳列架的暢銷作家，我們會發現其他作家只得瓜分那一點點麵包屑。同樣地，上劇院的人還是很多，但最賣座的表演，依舊是已經待在宣傳海報上超過20年的劇目。電影呢？除了典型的法國佬喜劇，或是真實事件改編之外，乏人問津。而且，我們發現這些長片很少在國外上映，彷彿只要在法國找到觀眾就心滿意足。偉大的哲學家被大批熱愛筆戰的人取代，這些人不停炒著懷舊和喪失傳統價值的冷飯。畢業自各大學院的畢業生只想進大企業或是當公務員，投身封閉的格式化模子，靜悄悄地過生活。然而，年輕的新創業家往往偏好跨越大西洋，那裡的環境更適合冒險，探尋新視野；科學家也很難發聲，讓別人

聽見。看看諾貝爾得獎名單，數一下其中有幾個法國人：除了幾位在醫學或經濟領域的名人，法國顯赫的研究者少之又少。這在微生物學家巴斯德（Louis Pasteur）、物理學家和化學家居禮夫婦（Marie et Pierre Curie）、生物學家莫諾（Jacques Monod）所在的國家，聽起來有些奇怪。我們到底還記不記得，直到1970年代為止，法國在科學創新方面還是領先群雄的？協和號客機、晶片卡或是迷你電傳（minitel）——第一個以大眾為導向的資訊網路，都是當代革命性的創新。但在那之後時光飛逝……大西洋兩岸的差距愈來愈遠。我們差點就以為，法國僅僅在美食與精品的世界稱霸就稱心滿意了，感官愉悅的精緻和滿足已經成為它獨一無二的記號。

　　這是不是說法國再也沒有偉大的創作者了呢？當然還是有，甚至在各個領域都人才濟濟。到處都充斥著新點子，且大眾對文化活動的興趣，證明我們對新事物的需求是真確存在的。但我們時常覺得，這

⬇ 龐畢度中心旁的斯特拉文斯基噴泉。

些有才華的人受到的重視並不夠。一旦會冒惹人嫌或偏離主流的風險，退縮才是王道……尤其是大眾往往傾向於選擇淺顯易懂的。

我們大可反駁，說法國仍然是魅力十足的國家。羅浮宮、龐畢度、大皇宮和奧塞美術館每年吸引幾百萬名遊客。5月中的坎城影展流傳的小小八卦，都讓特派記者天天屏息以待；而出版界的傳統盛事，則是秋天文學獎的那一個禮拜。然而，這些只是例行公事的印象，始終存在。文化上，法國享受自己的成就已經享受太久，使赫赫有名的人物更加成為聚光燈的焦點，卻將明日之星耽誤在這些人的陰影之下。難道法國社會恢復成舊制度時期的本能反應，看重社會地位或家庭背景，卻把未經琢磨的天賦棄置一旁？這種根深蒂固的感覺縈繞不去，然後眾人看著獎項一而再、再而三地頒給相同的人、相同的演出、相同的藝術家……

但所有創作者都會告訴你：創作，就是和便宜行事保持距離，打破既有秩序。當評論家只局限在問「為什麼？」，藝術家就致力用「為何不？」來回答。要是膽識不夠、不去忤逆學院派，就無法提出對世界的新視野。要是印象派畫家等到他人允許之後，才創造出自己風格，他們的畫作就永遠不會面世。就是因為他們不管別人怎麼說還是去做了，才特別彰顯出精神：思想和感受已經改變，只有截然不同的藝術手法，才能表現這個新世界的興起。

根據定義，人類只有在能為自己的選擇負責時，才是真正的自己。如果法國文化在幾世紀以來都有特定的影響力，那也是因為它敢於呈現自己的裂痕，還有法國人的靈光一現……要是造成麻煩，還真不好意思！毫無疑問，這就是推動今日法國前進的新世代藝術家、創作者及創業家，所傳達的訊息：別管其他人怎麼想，做就對了！

外觀布滿管路的龐畢度中心。 ➲

"
追尋
意義

創作就是突破，像是猛然一把推開簾幕，發現新世界一樣。但也是一趟艱難且孤寂的長途旅行，需要耐心、毅力和回歸真我。

　　這是趟通往各種可能核心的旅程。為什麼法國這個創作者的國家，同時也是朝聖者的聖地：因為它是展現自己，有時甚至還能找回自己的完美之地。

　　在眾多適合重生的地方中，有一處十分具象徵性。它是一條路，無盡延伸，埋入荊棘深處，沿著古老城牆驀然攀上古城，又和曲折蜿蜒的水道匯集在一起。這條道路毫不起眼，看似和其他成千上百條路一樣。然而，它對某些遠行者來說，象徵著重大意義。它的名字是：星野聖地牙哥（Compostelle），聖雅各朝聖之路。

　　很少有哪個名詞，能夠一字道盡「追尋意義」的意涵。無論我們

譯註：聖雅各朝聖之路（El Camino de Santiago）有千年歷史，是基督教著名的朝聖路，也列入聯合國教科文組織的世界遺產。傳說耶穌的愛徒雅各在耶路撒冷殉道，遺體不知被帶到何方。直到公元814年，一位修士得到啟示，由星星指引前往現今西班牙星野聖地牙哥（Santiago de Compostela），才找到雅各的遺骸。自此之後，教徒皆會到雅各墓地的教堂朝聖。朝聖之路沒有特別規定起點，路線遍及歐洲，最遠可從耶路撒冷開始，但最後終點全都指向星野聖地牙哥。較著名的朝聖路線共有三條，分別是從西班牙南方出發的「銀之路」（De la Plata），從法國出發、沿西班牙北海岸前進的「北方之路」（Camino Norte），以及作者所述的「法國之路」（Camino Francés，總長約800公里，由法國南部的庇里牛斯山小鎮聖尚皮耶德波出發，穿越山脈進入西班牙。

← 一趟有意義的長程徒步旅行──聖雅各朝聖之路。

↑ 依傍著塞納河的巴黎鐵塔。

信不信教，踏上聖雅各朝聖之路，就是前往最美好的旅程，引領人們走進自己的內心深處。地圖上真的有這條路，以體能來說是難熬的挑戰。但也揭開了喚醒我們深層真實的內在道路：設定目標並堅持下去，不計代價地一步步前進，比目的地本身還重要。以這點來說，在愈轉愈快、愈來愈瘋狂的世界，聖雅各朝聖之路，就象徵許多男男女女所追尋的，一個值得的目標。

還有什麼事，比追逐地平線還要美好卻枉然的呢？我們每踏出一步，它愈退愈遠；但同時，我們也愈來愈接近自己的終點。走路能讓我們稍微熟悉作家的工作，只是一張白紙上排排站的幾行字取代了一步一腳印；又像音樂家組合音符，或是工匠俯身在工作檯一樣。它教會我們耐心、沈默，緩慢地前進，引領我們至自身存在的理由。我們知道會有達成目標、完成作品的一刻。但要抵達終點，有時光要在一個段落、或一個小節中有點進度，就得付出耐心和努力不懈！沒有毅力，是不可能成功的。

對許多人來說，法國是追尋自我的理想國家。我們會提到聖雅各朝聖之路，是因為它聞名全球，但不管哪一條路都管用。我們可以去探索城堡、被遺忘的村莊，或是隱身在森林的瀑布。總會有個地方，是富含意義也到得了，沿途還有絕美景色可探索的。

我們可以一個人走，也可以和其他也在探尋內心的人，一起走一段路。旅途上，容易與人相遇，自由交談。為什麼？因為走路，是人類決意過自己生活的第一個動作。他靠著腿部起身站立，去探索未知的世界。無論對小孩或大人來說都一樣：這是一個帶他重回基本的動作。雖然現在我們世界最高層的存在是用食指在觸控螢幕上滑來滑去，但偶爾提醒自己，是什麼決定我們的命運，還是必要的：那是我們踏在土地上的雙腳，若我們願意，最接近上天的腦袋也算在內。

法國向來都是朝聖者的聖地。人們跨越整個國家,來榮耀某個聖人或象徵人物。四周的風景,就如同步行者所懷抱的意念,那純淨的回音。時至今日,他們的動機往往更平凡,但情境仍然沒變:景致中所留存的壯麗,是大自然給我們的禮物,讓我們盡可能和諧並心存感激地,與其擦身而過。

　　若要走遍腳下所有的道路,步行者的一生是不夠用的。他得根據自己的興趣、偏好和體能來選擇:不是每個人都有體力,走完聖雅各

⬇ 位於巴黎拉丁區的索邦大學。

朝聖之路來回1500多公里的路程！但長途跋涉中重要的，是告訴自己前方有個挑戰，我們已經成功跨越它了，即便那只是爬上一座丘陵，沉浸在周遭環境的美麗。找回兒時第一次發現世界的眼神吧：這樣的幸福就已經綽綽有餘。

一直以來，法國都代表這股站在新的基礎上，重新出發的意志力。這與歷史文化遺產習習相關：不管有沒有道理，我們都覺得在法國漫遊，一定會找到這趟旅行的意義。對此生為何而來懷抱疑問的人來說，巴黎更像是某種驛站。從1950年代起，這裡是美國垮掉的一代出發探尋真實的本質時，中途必經的停靠站，即使這趟意義的追尋，通常會在聖日耳曼德佩區某間小餐館的露天座位告終。到了1960年代，人們來到大學的階梯教室，聆聽重要知識份子宣揚他們思考得來的新觀點。1970年代的政治氣氛較重，人們在美麗城的小路上來回的兩段散步裡，嘗試顛覆性的思考。1980年代是人們轉移焦點的時刻，享樂主義盛行，去「宮殿」（Palace）或是「巴黎浴場」（Les Bains Douches）狂歡是刻不容緩。到了1990年代，舒適愜意的氛圍興起：大家會先去看當代美術展，再去拉丁區的素食餐廳充充電，然後到佛陀酒吧去放鬆一下。在其他城市顯然也能經歷上述的體驗，而且歷史說不定還更久遠，但在許多人心中，在巴黎追尋意義，背後的意涵又更特別些。

這也是地方的魔力在作祟。巴黎是智識生活的中心，也是唯美主義無所不在的城市，注定要吸引最活躍的靈魂、最創新的思想家和最古怪的藝術家。景點美麗，居民有活力，為了走在時代最尖端的敏銳靈魂而打造的地方，賦予了光之城獨特的追本溯源潛力，直到現代還是一直持續下去。

行動起來，
撼動世界

在 許多遊客眼裡，法國永遠都是一切都有可能的國家。你可以沉浸在花都的夜生活，或者面對山景遺世獨立，決定痛快享受熱愛的滑雪運動，還是寧願面向大海冥想。你甚至可以全部湊在一起，依照喜歡的方式輪著做。

　　所有的假設都有可能，剩下的問題就只有想不想做而已。毫無疑問，這就是在清晨的巴黎橋墩上散步，或是在諾曼地海灘的慢跑所感覺到的：一切都觸手可及，沒有哪種夢想會受到禁止。最有雄心壯志的人會成為知名的典範、傳奇般的英雄事蹟，與眾不同。我們會想起出身南方的布拉桑（George Brassens），在歷經窮困潦倒的那些年後，致力成為偉大的詩人；或是沈默寡言的孤僻帆船手塔巴里（Éric Tabarly），成為大海最難纏的競爭者。

　　但有時候，只需要一次偶然的巧遇，就能揚起追尋意義的風帆。有多少浩大理念的實現，是來自兩個朋友互相分享夢想？法國有這麼多協會組織並不是偶然：與它對應的，是一種深植於法國文化中打動世界的企圖，為世界量身打造一個計畫，有時甚至超出能力範圍。今天，有些十幾萬人參加的嘉年華，都是在桌邊角落經過一波三折的對話，而發想出來的。幾個好友聚會喝一杯，然後說出這句魔法咒語：「幹嘛不試試？」接下來就只需要動起來，耐心地向前走……

法國人總是很照顧自己，對自身的內在平衡確實很感興趣，這只要觀察在幸福學和個人成長領域，不停飆升的書籍數量就知道了。在有時毫無道理的世界，他領會到慢慢來、閉上眼睛喘口氣的重要。生活的喜悅，涵蓋的不只是生理需求的滿足，還包括放手，放棄所有矯揉造作的歡鬧，因為它終將把你幽禁在索然無味的耽樂中。然而，真正重要的是行動的強度，也包括我們選擇放空的方式。也許是沉浸在修道院靜謐的修行，在塞文山脈深處的靈修中心，或是在海邊的小屋裡。無論是一年之中的哪個時節，人們都能找到利於斷捨離的地方和氣候。法式幸福教給我們的，是我們可以輕鬆地從緊張中轉移，暫時專注於自己的內在存在，與真實的興致和趣味建立更緊密的連結……而且我們已經看到了，在法國，感官愉悅的範圍有多麼無窮無盡！

　　哲學家帕斯卡（Blaise Pascal）在其知名的《思想錄》（Pensées）裡寫道：「人類所有的不幸只來自於一件事——不知如何待在房裡靜坐獨處。」真的是這樣嗎？還是正好相反，人類的不幸，在於沒有尋求打開自己的視野？

　　帶領我們長時間在林中穿梭，再走上自己道路的事物，也引領我們走入鄉村民宿。我們把背包放在地上，準備野餐，向民宿老闆點一杯酒，邊欣賞風景邊休息一下。接著，我們會和健行的人談天，聊聊走過的路、非去不可的名勝，還有可能的捷徑……不過，這些值得讓人在塵土和燠熱之中走上好幾公里嗎？在那個時刻，答案顯而易見：是的，的確值得。因為我們能夠感覺到自己完整的存在，跟自己和解，也達成和外在世界的和諧。

　　生命的意義，體現在腳下走的每一步。

里昂燈節期間，於主教座堂（Cathédrale Saint-Jean）上演的燈光秀。➡

⬆ 法國南部聖馬丁杜卡尼古修道院（Saint-Martin-du-Canigou）。

〝民間傳說的內涵

「**要**是人們相信傳說的話……」

　　在我們聽過的故事中，有多少不是用這句話開頭的？傳奇故事在法國是適得其所，它們在人們的想像裡，織成了一片包羅萬象的背景。我們知道官方版的歷史非常豐富，但受限於不同的詮釋方式；然而，傳奇故事完全不可思議，是無限幻想的來源。這些怪異、玄妙、神奇或令人顫慄的記事，被證實是那時的男男女女，對如何感知自己的存在，所反映出來的最真實方式。不管從哪個地區開始散播，傳說要表達的不只是人類的恐懼、希望和懷疑，也抒發對奇蹟的渴望。我們只要走偏一步，驀然之間，真實就會轉變成完全不同的面貌……

　　你聽見輪軸嘎吱作響的聲音了嗎？那是死神的僕人暗骨（Ankou）的馬車，正走遍不列塔尼荒蕪的風景。小心！只要看一眼這個詭異的角色，就可能把你送進地獄。但如果你夠幸運，花一個滿月之夜在布羅塞良德森林，也許有機會遇上巫師梅林、精靈薇薇安和圓桌武士。豐饒又迷人的大自然，神祕的石棚，漂浮在曠野中的濃霧，每個元素都讓健行者的想像更加飄忽不定。就好像大地的所有力量都集中在這些受過狂風暴雨打擊的地區，化身為傳說中的人物。

法國最大哥德式教堂──亞眠大教堂。➡

現在，攀爬到位於卡塔爾地區的蒙塞居爾城堡（le château de Montségur）廢墟。豔陽高照，一望無際的灌木叢無限延伸，引發了催眠的錯覺。摸一下石頭，感受它散發出來的能量。你也許還聽得見虔誠教徒的尖叫聲？他們因為拒絕放棄自己的信仰，而遭受皇家軍隊的屠殺。再走遠一點，你會發現古老的騎兵修道院。在奧克西塔尼地區，僧侶軍隊的魅影無所不在。他們的寶藏真的存在嗎？要是寶藏埋在只有一步之遙的荊棘叢裡呢？有多少人為追求這份財富付出生命？大自然是兇殘的，而在這些冷漠的角落，傳說總是驚心動魄。

換個場景吧。這裡是亞眠大教堂。遊客漫不經心地在紀念碑的石柱間閒晃。你對嘈雜的對話不感興趣，反而注意到雕刻在教堂中殿砌石地面上的罕見花樣。一個巨大的八邊形清楚顯現，交錯著黑與白的線條。正中央的謎樣圖案，彷彿正監視著管理這座建築物的秩序。它其實是一道苦路曲徑[31]：無法前往耶路撒冷朝聖的虔誠教徒，用他們的雙膝沿著這幾何圖案的白線前行，直到抵達中心點，他們的罪才得以赦免。看起來就像一趟長途旅行……那麼，位居八邊形正中心的人物究竟是誰？根據傳說，他們是監督教堂興建工程的建築師，但他們也可能掩護著什麼祕密……

---

31 譯註：苦路曲徑（un labyrinthe）是多數中世紀大教堂的特徵，若以俯角仔細觀看，會發現迷宮路徑隱約浮現十字架圖案，象徵耶穌在耶路撒冷背著十字架走過的苦路。迷宮設計通常為環形，迂迴且朝一定方向前進，從外緣到中心；寬度足以讓人進入，目的在於讓信徒沿著曲徑朝聖。

當過去的故事說給今日的我們聽

人們會發現法國到處都是傳說，在大自然中、鄉村古道上，在教堂或堡壘的門面、城堡長廊、噴泉池邊，或是港口的海堤上。

　　每個地方和景點，都會提到埋藏的寶藏、隱藏在城牆上祕密小洞的訊息，或是森林深處會突然現身的傳奇生物，還有穿著黑衣、聽說會定期在楓丹白露幽暗森林出現的神祕獵人。歷史遺產讓這些想像變得可能：在中世紀因貪婪吝嗇而受懲罰的大批商人、被魔法師虐待的牧羊人，或是為了爭奪佳人青睞而決鬥的騎士。幻想，是人類避免當時的禍害、戰爭、飢荒與其他天災的一種方式……

　　它同時也是對昔日文化的回憶，在晚間、在夜裡，在火爐的一角，口耳相傳地散播。當老者開始述說時，人們會立刻被他的言詞吸引。這些口述相傳的故事，真的會散發出強烈的能量，帶我們前往各自的內心深處：對知識的欲求，對獨特的喜好，對看穿表象的渴望……傳說所賦予我們的，就是將我們與生命及萬物的聰慧直覺，重新連結在一起。這就是為什麼，我們還是會繼續為之傾倒……

　　在這些傳說中，人類一直都有解決恐懼與祈求希望的需求，目的

是為了更能駕馭它們。就是這些傳說故事，讓他們在遇上親身經歷但無法理解的事情、或是面對更強大的力量時，得以找到一個解釋，例如拉斯科岩石壁畫的呈現。大量裝飾在天主教堂壁面的謎樣臉孔，則是另一種表示：我們總記得這些令人驚恐、半人半魔的形體，會從高處牆楣打量遊客。我們也很清楚，它們反映的是設計者的想像力和反叛精神；石匠奉獻一生，為的是在這些雕像上展現意義，有時則是設下謎題。經過了幾世紀，它們仍然提醒著在我們刻畫痛苦的同時，也

⮟ 楓丹白露宮及其四周蓊鬱森林。

更能駕馭痛苦,對其一笑置之:拉柏雷作品中的粗獷角色,就是這些
煞有其事的石像鬼和魅魔 的直接繼承人。

　　難怪許多外國作家的故事情節設定都在法國。要舉個例子嗎?把
蒙娜麗莎、雷恩堡、聖殿騎士團、聖杯、玫瑰子午線和共濟會加在一
起搖勻,就會得到《達文西密碼》。這部娛樂性高的驚悚小說,對法
國傳奇式旅遊的突飛猛進,貢獻良多。不過論及史實真確度,就不是
那麼回事了⋯⋯

⊙ 充滿聖殿騎士傳說的雷恩堡。

譯註:石像鬼(les gargouilles)算是建築物外牆結構雨漏裝置的一種表現形態,又稱滴水獸,
實質作用在於疏導雨水,避免建築物牆面受雨沖蝕。13世紀哥德式建築興起,哥德式教堂大
興土木,連帶大量使用這種雨漏裝置。石像鬼的外觀則來自七世紀的惡龍傳說,出沒於盧昂
(Rouen)的惡龍「Gargouille」被修士殺死之後,因為頭部無法徹底毀滅,所以頭頸都被掛
在教堂外,除了對其他的邪魔有警示意義之外,也更提醒人民虔誠信仰的重要。魅魔(les
succubes)最早出現於美索不達米亞區域的傳說,而後流傳於中世紀的歐洲與中東地區。傳
說這種女性靈體外貌極為魅惑,以進入男性夢中吸取精氣維持自己的美麗;宗教傳統認為魅魔
會使人變得越來越虛弱,甚至死亡。

傳說，
是我們的
一部分

法國的大自然多采多姿，是各式各樣傳說的盛產地。大自然的能力遠遠超過人類：我們最好還是用故事包裝它，希望可以與它的情緒達成合解。

　　當我們觀看某些自然景點，例如位於阿維隆的蒙彼利耶勒弗亂石陣，或是塔恩（Tarn）的西多布赫高原（le plateau de Sidobre），會覺得巨石的堆疊、雕刻在花崗岩上的凱旋門，或是高深莫測的線條，都隱藏著某個模糊卻不平凡的圖像。我們孩童般的想像只會天馬行空而已！

　　發掘這些傳說最迷人的方式之一，就是不管我們身在哪個地區，都要去聽說書人講古。他們從時空迷霧中信手捻來的情節，讓老老少少都為之著迷。故事都很簡單，由尋常人物上演和超自然力量搏鬥的情節。看看這個薩瓦地區的農人，拒絕給老太太牛奶的故事：不幸的是，老太太其實是個仙女，她為了報復，便使白雪降在農人綠油油的農地上。自此，瓦諾斯冰河的夏斯弗雷峰（le dôme de Chasseforêt），便一直覆蓋著永凍雪。聽說在奧爾良（Orléans）地區，從19世紀起就有一頭野獸，無情地殺戮牧羊人和迷路的旅人，讓人民惶惶不安。人們根本不可能抓到牠，牠甚至能夠抵擋獵人為了追捕牠而射出的子

↑ 塔恩的西多布赫高原上堆疊的巨石。

彈。這種嗜血動物、幾乎可說是不祥預兆的野獸傳說，流傳的地區為數眾多，就像著名的傑沃當巨獸[33]一樣真實存在……你知道在加萊海峽的高向雷加爾（Gauchin-Légal），夜裡會出現一塊超過一百公斤的巨大砂岩，擋在偷情的妻子門前嗎？為了避免這塊石頭繼續用令人困擾的嗜好打發時間，居民們決定讓它無法再搞破壞：從那之後，人們都能在鎮上的廣場看見它，用一條鏈子栓上，看起來就像公共設施！

總而言之，傳說滿足了我們對前所未見、不可置信或無法解釋事物的欲望。它讓我們得知眼前的一連串命運，體會到同樣的恐懼和喜悅，我們因而能夠與人生的危險共存。它讓我們和最奇特的創造物變得如此熟悉，例如索米爾地區（Saumurois）的戴內澤蘇杜維（Dénézé-sous-Doué）洞穴中心，16世紀起就藏著雕刻在凝灰岩上的300尊人像的祕密。這些男性與女性的石像，有些呈現的模樣深具意義，有些則平凡無奇，它們述說的是遠古的故事：是人類在時間無盡的錯綜複雜裡，想要建立確定性的意志。

在法國，傳奇故事的前景依然光明：它們反映的，是創作者源源不絕的創意。

---

33 譯註：傑沃當巨獸（la bête du Gévaudan）傳說為18世紀時，出沒於法國波旁王朝傑沃當省山區的野獸，外型彷彿巨大化的狼，常在山區攻擊人類。雖然現今被視為傳說，但根據法國的官方紀錄，傑沃當巨獸在1764年首見於歷史，官方軍力與民間皆有深入森林獵殺巨獸的紀錄，但多有去無回。

這就是法式生活！

最美麗的傳說，不就是我們自己創造，或和朋友一起想像出來的嗎？這裡就有個地方值得走一趟……每年10月最後一個週末，卡爾瓦多斯省（Calvados）的維萊爾維爾（Villerville）海灘都會施放煙火。是哪個怪奇的傳說就此被喚醒呢？從海底突然出現的怪獸？英法百年戰爭的一場戰役？一場令人難以忘懷的暴風雨？以上全錯。這單純是為了紀念一部在鎮裡拍攝的知名電影，由維尼爾（Henri Verneuil）在1962年執導的《冬天的猴子》（Un Singe en Hiver）。其中一幕大受歡迎的場景，尚嘉賓（Jean Gabin）和楊波貝蒙（Jean-Paul Belmondo）飾演的兩位主角，為了讓當地居民大吃一驚，臨時決定點燃煙火。這部片特別著墨當地佳釀，是對友誼和醉生夢死的瘋狂生活的真摯頌歌。還有什麼事，會比為存在而陶醉來得更美好？這裡的居民從未忘記這個訊息，每年都集結起來重現這個歡慶豪飲的時刻……

⬇ 維萊爾維爾的海景。

Chapitre 5

Pour l'amour de l'art

藝術的仰慕

🔙 巴黎奧塞美術館的大時鐘。

── 位女性漫不經心地沿著大道走去。她看了一眼店家的櫥窗，停留一下，又繼續前進。她穿的套裝彷彿量身訂製，這一身打扮絲毫不華麗，但就是散發出優雅的氣息。

　　她接了一通電話，姿態還是一樣迷人。她微笑著，心想周遭的世界無比輕鬆快活，然後把手機收進包包裡。她分毫不差筆直地走著，有點像走在一條看不見的線上。終於，她比手勢向某人致意。這次會面是讓她欣喜若狂呢，還是心煩意亂？我們是絕對猜不到的，這個女人精準掌握她的世界，卻幾乎不顯露出哪怕只是一點點的努力。她給人的感覺就是，她在生活中前進的方式，就像走在大道上一樣，擁有強大的自我意識，也能夠面對當下生命所賦予她的那一刻。

　　不管我們喜不喜歡，這個形象始終黏著法國人不放：優雅、做自己的主人、無憂無慮，甚至到了冷漠的程度。他們很高興自己有這樣的形象，視生活為一齣輕鬆喜劇，他們則是其中的主角──沒錯，這也是他們的娛樂。

　　這是迷思還是事實？我們不能說它錯：法國人，尤其是法國女人，對美感有特殊的品味，即使是毫不起眼的小事，好比戴上別出心裁的首飾、撩起太陽眼鏡當成髮箍的模樣，甚至是在空間中移動的姿態，這些日常生活的行為，都可以被她們轉換成一種態度。但這裡要說一下，不是什麼態度都算數，它一點都沒有挑釁或賣弄的意味。貴氣、亮片和羽毛，她都看不上眼，反而總是力求自然的完美……你說這兩個形容詞看起來有點矛盾？會怎樣嗎？

　　有人說工作要不著痕跡，才稱得上是真正的藝術。這就是為何法國人面對生活的態度與眾不同：做自己，但從不張揚這麼做需要多少

Chapter 2
Pour l'amour
de l'art
藝術的仰慕

努力。這樣是不是有點自戀？但對我們的志向——將生活打造成反映自己個性、舉世無雙的藝術品——來說剛剛好而已。總之，法國人認為存在這件事，應該出自某位匠師工作室的手筆，應該美麗但舉世無雙，具識別度，又要貼近人群；既典雅又真實，是匠人的作品。

　　你還想再多享受一點生活的樂趣嗎？讓我們去探索法式幸福中，這基本的一面：美學。

⬇ 法國人，尤其是法國女人，對美感有特殊的品味。

⊙ 巴黎地標──聖母院。2019年4月15日遭受祝融之災，目前重建中。

Pour l'amour
de l'art
藝術的仰慕

極致
工藝

人們常說，要親手打造自己的生活。比起世上其他地方，法國是實踐這句話最成功的國家。圍繞工藝品的想像，的確浸潤人們的心靈。

數大或是浮誇，不見得就是美。相反地，美感與悉心打造出來的作品密不可分。它可能是一件剪裁獨特，或是以稀有布料縫製成的上衣，價格不一定比其他上衣貴，但擁有和我們天造地設、讓我們展現質感的特色。它也可能是一件經典設計、一雙美麗的鞋子，或一盞用特殊金屬鑄造的檯燈。每一次在創作上投注的時間和心血，都是品質的保證。

法國工藝的卓越名聲已經不需要再多說了。它在很久以前就跨越界線，在各式領域各自表現。舉個例子，你知道在華盛頓白宮的某些廳室，貼的壁紙是出自法國公司的作品嗎？這家上萊茵省的Zuber壁紙公司，以優質的全景壁紙享譽全球，到今天，它的壁紙還是遵照傳統工法手工印製。幾世紀以來，匠師製造的木雕版被精心保存，並用來製造大部分的產品。

在法國，師徒制的傳統仍然十分穩固。法國傳統藝師協會（les compagnons du Devoir）有個美麗的名字，每年有超過一萬名工藝者「出師」。這種傳統所懷的志向不只是美學方面的，更有一部分和人

文相關。藝師協會提醒了我們，若要打造美麗的物件，就得接受長時間在大師身邊擔任學徒。除非有藝術家的教導，讓你用手指直接觸碰，否則是學不到能夠解決問題的手勢技巧、訣竅和小眉角的。每種素材都有各自的魔法，但這魔法只可能一步一步地緩慢展現。同樣地，成功的人生，是一段漫長的探索、體驗與追求完美的過程。

它傳達的另一個訊息，就是我們每一個人都是獨一無二的。我們是無可取代的個體，人人都擁有自己必須發揚，以及和其他人分享的特質。我們必須接受，為了散發內在美，我們在自己身上所花的時間和努力是不可或缺的，就像精美的工藝品一樣。而所謂的堅持不懈，指的不只是工作時的虛心，也是作品完成時的自豪。

工藝師也會讓我們知道自己與世界的關係。事實上，這盞燈、這個皮包，或是這座造型獨特的大時鐘，都不僅僅是消費品而已；它是一種表現方式，告訴大家工藝品永遠優於大量產製的商品。工藝品具有某些特質，是消費社會永遠無法達成的，甚至連稍微接近都不用想。這份對美好事物的愛慕涵蓋的不僅是個人對與眾不同的渴望，也包括面對世界的態度：我不只是商品的消費者而已，我是美的收藏家。

最後，工藝師告訴我們的，是關於其他人的事，是那些與我們擦身而過、分享我們生活的男男女女。他們不是無名的個體，而是活生生擁有自己性格和優缺點的人類。就像所有的新穎創作一樣，人與人之間的關係，也需要一點時間，來發現隱藏在每張陌生臉孔後面的作品！

有了這些手工藝者，我們重新找回了對親近感的喜好，它和法國文化息息相關：若沒有目光或行動的支撐，光有話語仍然是不完整

的。所有的實體不一定要實際撫摸，才能與其接觸：最重要的是創造一個獨特的時刻，也許它本身就宛如一部曠世巨作了。

你知道嗎？

2010年，聯合國教科文組織認定，源於中世紀的手工藝師徒制傳統，屬於非物質的文化遺產。到今天也是，一位法國傳統工藝師的培訓，必須遵照幾個步驟：一旦拿到基礎學歷，見習生就會成為學徒，可以開始自己的「環法見習之旅」。在至少三年間（包含一年國外實習），他會從一個單位跳到另一個單位，每年換一兩個地點，讓自己的專業知識成熟，並學習新技巧。他的吃住都在各大城市的52個協會宿舍解決，也會在那裡遇到其他學徒，逐漸融入社群，分享互助和尊重的價值。這就是為什麼，無論是從工藝師或生而為人的角度來說，旅行都是成長中不可或缺的過程。他會參加社團的典禮和節慶，也就是所謂的入行儀式——在見習即將結束時，見習生將交出一個作品，稱為「入行模型」（maquette d'adoption），緊接著的入行儀式則讓見習生晉升為學徒，入行就等於確立他正式加入工藝師的行列。為此，學徒必須創造出能夠代表個人的「傑作」，讓人能就其作品，評價他技巧的熟練程度及對人類與協會價值的認同，然後才能出師。在他自己也成為師傅之後，就能接下火炬，讓法國工藝的卓越傳統永垂不朽。

Chapitre 5
*Pour l'amour
de l'art*
藝術的邂逅

⬆ 承載歷史歲月的古董家具。

⬆ 製作珠寶的金工師傅。

保存
對物品的
記憶

我們明白遊客第一次造訪聖圖安跳蚤市場（Puces de Saint-Ouen）驚訝的樣子：一眼望去，全都是頗有品味的小物攤販，賣的是18世紀的手槍、版畫和靜物畫、鉛製玩具士兵和小銅像！法國人的確對舊時的物品情有獨鍾。

　　我們也很能理解他們對舊貨店和二手市集的迷戀。在一堆從舊時直接穿越到現代、唯一用途就只有裝飾而已的東西中閒晃──再也沒什麼比這更有趣的事了。看看這些刻畫著某個品牌的琺瑯廣告招牌：它們除了外表美麗，並激起我們的兒時回憶之外，也喚醒了時代──那時，人們專注於製造耐用，也無愧於買主的物品。聽起來也許可笑，但它們是意義的傳承者：這塊招牌就是證據，告訴我們工匠在打造它的時候，花了多少時間，耗費多少心力在處理每個細節。我們伸手觸摸，去感覺琺瑯的紋理，體會到色彩及凸出的部分帶給我們的欣喜。我們也會跟老闆聊天，追溯這些物品的故事。其中有些已經家傳好幾代，是人們大大小小幸福的見證者。二手市集提醒了我們，生活不只是一連串單純的財務交易而已；而是人類交流的時刻。我們都是命運鎖鏈上的一份子，和其他人相互交織；回憶和物品的使用同等重要，甚至更加突出。

Chapitre 5
Pour l'amour
de l'art
藝術的仰慕

這就是法式生活！

那「維修咖啡館」呢？這就是看法國人能夠一展身手到什麼程度的地方了！他一開始看到要修的東西時，會稍微發個牢騷：「你到底是怎麼把這東西搞成這樣的？」接著，他就會展現自己全部的本領，耍弄一下螺絲起子、老虎鉗和膠水，讓壞掉的物品重獲新生。不用說，當然會有其他善心人士堅持要插手，你將得到腦力激盪的最佳示範。最後，你的雙手就會捧著一個煥然一新的東西；重要的是你經歷真正分享時刻的那份喜悅！

⋯⋯⋯⋯⋯⋯⋯⋯⋯⋯⋯⋯⋯⋯⋯⋯⋯⋯⋯⋯⋯⋯⋯⋯⋯⋯⋯⋯⋯⋯⋯

　　這就是為什麼我們有那麼多工作坊，可以學習陶藝、藤編、縫紉、摺紙和所有用手做得出來的東西。這類古早手工藝，確實重新引起世人的興趣。為什麼？因為我們能再次找回調製原料、隨心所欲地彎曲和塑形的開心，所帶來的自己動手做的自豪感。這也需要花時間，找回物品的意義。想參透**慢活**的祕密，沒有什麼比手做自己的精裝書或天然化妝品更適合了！

　　追根究柢，匠師必定是逆風行走的人。他所在意的，是能夠把自己的本領，傳授得跟生存之道一樣好。在今日的世界真正重要的，是在群體中連結和分享知識與價值。這有點像我們在工藝師特區散步的感覺：參展人想展示的不只是他們的製作過程，更包括他們存在的方式。工藝這一行，和大賣場的不明品牌或網路販售平台判若雲泥，他們會驕傲地宣告：我們因為人類活著，也為了人類而活。相對地，法國人愈來愈講究購入物品的品質，也討厭被當成普通消費者。

這就是為什麼當他們被逼到絕境時，會毫不猶豫地展現出「永不妥協的高盧人」的那一面。來到現代，毫無疑問，阿斯泰利克斯應該會在阿基坦的市集賣魔法藥水！

⬆ 跳蚤市場的木作舊物攤。

你知道嗎？

在2015年上映的《法國製造》（Made in France）這部紀錄片中，導演卡勒（Benjamin Carle）發起一項特別的挑戰：在一年內用合理的預算，只使用法國製造的產品。為了創造最大的娛樂效果，他把家裡的舶來品都丟掉，開始這趟只消費藍白紅旗幟的冒險。即使在食物與飲料的取得上毫無困難，但其他產品就完全不一樣了，有時是連想都沒想過的。多虧了這部顛覆傳統的歡樂影片，你尤其會學會不喝咖啡，放棄冰箱！

時尚
就是
這麼簡單

時尚-chic？這和法國女人的形象密切相關。說得嘲諷些，法國女人本來就應該時尚，就像英國女人天生紅髮、義大利女人饒舌、美國女人個頭大一樣。不過，chic這個字涵蓋的意義到底是什麼？

　　我們都知道，法國因自家的奢侈品而聞名全球：服裝、包包、鞋子、帽子、手套、珠寶、香水、早晚霜、各式各樣的香膏等，應有盡有。但是，時尚並不是單純的配件而已：你可以背個名牌斜背包，展示奢華的衣服，穿戴貴重的珠寶，可是一點都不時尚，只會看起來很刺眼。

　　當然，**法國製**的奢侈品可以讓你與眾不同，獨樹一幟。但它給得了你這股天生的自在，以及典型法式風格的自信嗎？絕對沒辦法：若想過度展現自己，看起來就只是愛吹噓而已，沒別的了，一點都不優雅。法國女人向來煩惱如何好好做自己，卻不想努力得太明顯。然而，她不需費什麼力氣就能辦到：一件原創的配件、簡直不修邊幅的髮型、一抹唇膏、一件古著店買的洋裝搭配別出心裁的首飾、還有一定要戴成某個角度的貝雷帽，就大功告成。一切盡在精巧細緻中！這就是香奈兒黑色西裝外套的傳奇：結合簡潔與魅力的衣著。

↑ 巴黎街頭散發優雅自信的女子。

Chapitre 1
Pour l'amour
de l'art
藝術的仰慕

法國是「時尚民主」（démocrachic）國家：人人都可接觸到，也知道如何實踐。它涉及的不只是我們的身體外觀，也包括生活空間，更是人們共度的時刻。一張擺飾得很美的桌子，一間所有東西都放置整齊的房間，甚至是一次野餐，野餐墊、食物和自然景色很幸福地融合為一：這就是「法式時尚」（frenchic）。一種與生俱來的美學意識，無論何時何地。

　　實際上，它需要的根本微不足道。只要找到能與你的個性完美相符的小細節，再將它發揚光大。為此，千萬不要弄巧成拙；與其追求完美，法國女人反而堅持凸顯自己的優勢，同時不去隱藏自己的小缺點。她知道如果自己表現的樣子，是熱切專注於當下的，結果反而更好。總之，就是不完美得令人驚豔！妳沒拔眉毛嗎？有什麼關係，反正人家只會看到妳的笑容！妳有點豐腴嗎？也許吧，但妳的姿態多有自信啊……即使是知識份子也都精通這門藝術，知道穿在身上的，得是能散發智慧和自信的外衣。在各個場合一派從容地現身，是真正的天賦。甚至到有點自命不凡的地步？這的確是真的，法國人雖然以精神聞名，但他們不一定都有很好的幽默感。自嘲呢？想都別想！自我貶低一點都不時尚……

　　法式時尚，是透過小細節宣告自己的個性 —— 但那不會是北美印第安易洛魁族頭上的羽毛；在迪奧（Christian Dior）和聖羅蘭（Yves Saint Laurent）的國家，龐克運動是不可能誕生的……法國人熱中打破常規，不過是以有品味的方式。就算因此掀起議論，那又怎樣！19世紀，只有一個法國女人敢穿著長褲露面，在1940年代開始不戴帽子，或是在20年後，為解放女性而讓迷你裙亮相。這種態度絲毫不具挑釁意味，單純是肯定自我的自由而已。表象是生存方式的忠實反映，而法國女人就像穿戴著正字標記般地帶著它。

Pour l'amour
de l'art
藝術的仰慕

因此，這一切都需要很多的技巧和自我控制。不可能物色眼花撩亂的裝飾！我們距離《朱門恩怨》（Dallas）裡的德州還很遠，裡頭充斥琳瑯滿目的珠寶、講究過頭的梳妝打扮，搞得像一台失竊車。它和炫耀昂貴服裝、金錶或禮車的那種裝腔作勢的人也毫無關聯，愈強求就愈得不到。最重要的是，時尚是一種心理狀態：必須不浮誇地做自己，不賣弄地對自己的價值有所自覺。

有件事是肯定的：法國人就算是在叢林裡穿著毛茸茸的室內拖鞋，也很時尚！

這就是法式生活！

比利時朋友跟我們說過一件趣事，真的很有意思。他剛到巴黎時，在個派對上遇見一位美麗的年輕女子。因為他看了很多書，文學涵養豐富，決定吸引那個女生的注意，因此把話題轉到他最喜歡的文學上。他心想，這個誘惑的武器絕對讓人難以招架……想不到那個正妹突然趁機聊到她有多愛看書，開門見山地說她最喜歡的作者，是創作《女惡魔》（Les Diaboliques）的多爾維利（Jules Barbey d'Aurevilly），他在19世紀是十分嚴謹又講究的作家。接著她開始極力闡述關於他的想法，讓我們的朋友大吃一驚，只能沈默地表達仰慕和尊敬。他自以為在這方面知識淵博，結果卻顯得他不懂裝懂！但他並不承認自己被擊敗，還繼續談論其他作家與他們的作品……接著，他馬上看到那個女生的書袋裡，果然裝了三本書，其中兩本的作者都是多爾維利，也就是她最喜愛的作家，絕對錯不了。雖然這不是這個年輕女生的本意，但她直覺地成了法式時尚的最佳示範！即便我們的朋友並未贏得美人心，但他也從這次談話獲益良多：對自己的能力有堅定的信心。這就是法式時尚會感染他人的證據！

不刻意
做作的
藝術

現在，我們的場景在紐約曼哈頓的公寓展開。可琳是典型生活穩定的布爾喬亞階級，迷失在自己偏執的想像裡，想像自己飛向愛人身邊。她漫不經心看著家人吃飯的樣子。

「她本來可以和家人坐在一起，跟丈夫和孩子聊聊他們的一天，卻放下他們，藉口參加姐妹間的聚會，去找她的舊愛。她一整天彌漫著法國香水的氣味——幾乎可以點上一根高盧牌的香菸了，就在他們面前。」

2017年，美國當代偉大小說家麥克納尼（Jay McInerney）的作品《消逝的日子》（*Les Jours Enfuis*，暫譯，L'Olivier出版社）在法國出版。他對紐約的上流社會觀察入微，包括他們的尊貴與盲目，他的才華讓他只用幾個詞，就能勾勒出筆下角色的輪廓。那麼，他是怎麼描述紅杏出牆女主角的心理狀態呢？就像在**法國香水**中逐漸蛻變的女人一樣⋯⋯

大家都這麼說：在假正經的美國人眼中，所有和法國人相關的事物，仍然沉浸在緋聞的氣氛中。這個準備好去找情人的50幾歲女人一點罪惡感也沒有，甚至還幻想當著家人的面點上一根菸！麥克納尼用嘲弄的語氣暗示著，在執著於健康與道德的美國社會，這幾乎算是異

Pour l'amour
de l'art
藝術的仰慕

端邪說了，但對法國人來說，這再自然不過，相反的，法國人才不在乎什麼道德禮俗呢……

這一小段文學故事提醒我們，對許多文化而言，法國人向來充滿危險：寡廉鮮恥、不道德、膚淺、天生心機重……列都列不完。它告訴我們偏見永遠都不會平息：這些對法國人的觀察，偏離事實到已經變成在搞笑了。但這種肆無忌憚追求逸樂的名聲，到底是從哪來的？

再一次，只要爬梳一下歷史就能明瞭。感官上來說，法國人的名聲已經積重難返了：他們熱中性愛，就被說成風流浪蕩。還記得舊體制的社會嗎？法國君主有一名正式配偶和成群的寵妃，但在那個年代，哪個歐洲國王不是這樣？只要標籤一點上去，就沒什麼好說的了，也沒人因此被冒犯。與其說法國人是縱欲主義，還不如說我們是用歡樂的享樂主義來看世界；偽善的人都下地獄去吧！也就是說，除了一小群有點熱情的貴族之外，在法國已經沒有荒淫這件事了，它只是衛道人士用來消遣的主題罷了。

說得嚴重一點，法國人都敢砍自己國王的頭了。英國人早在150年前就做過一模一樣的事[34]，這麼簡單的判斷，卻似乎沒有引起史學家的注意：鬧大革命的，到底是不是法國？這就和往常一樣，看你怎麼去詮釋。法國人熱愛自由，成了很多國家的典範，誇張到《馬賽進行曲》常常變成革命之歌。我們大多不知道，但當列寧在1917年回到俄國時，迎接他的是《馬賽進行曲》的曲調，並在1918年成為蘇聯的第一首國歌（歌詞經過改編，歌名變成《工人馬賽曲》）！但要從那個狀態，到讓法國人民淪為一群咬著刀閒晃的野蠻匪類，還是有一點距離……

---

34 譯註：英國史上唯一被砍頭的國王，是1649年被處死的英王查理一世，而法王路易十六被送上斷頭台是1793年的事。

沒多久，當所有法國女人都被視為康康舞舞者、而她們的男人都是潛在皮條客，世人卻發現像柯蕾特（Sidonie-Gabrielle Colette）或考克多（Jean Cocteau）這樣的知名作家，公開承認自己是同性戀。那又怎樣？身為開放又寬容的國家，不是應該驕傲嗎？而且人們有點太健忘了，法國是到1982年才廢止刑法中判定同性戀違法的部分，比其他國家都晚了好幾年。在這裡，我們又見識到虛構和真實的巨大差異。

Chapitre 5
Pour l'amour
de l'art
藝術的仰慕

法式幸福
的
祕密

這段歷史回憶，向我們證明了圍繞著法國的想像，很多都是被偏見扭曲過的。但是既然無風不起浪，問問我們自己在那些想像裡到底有多少真實成分，也是蠻有趣的。

　　事實上，對在每個法國人心中沉睡的高盧人來說，為生存而喜悅沒什麼好羞恥的。他們的格言應該是：「我是自由的，而且我為此負責。」這就是為什麼法國文化能讓肉欲與追求智識並存。這也是外國遊客總是印象深刻的原因，也把跟法國人約會這件事變得不安……卻也令人期待。對他們而言，智識只能透過五感的體驗來獲得，因此盡情享受生活所提供的樂趣，完全是理所當然的。更進一步來說，無論是誰，只要他想成為正直的人，這就是不可或缺的！除非我們去探索世界上的一切面貌，並體會所有感受，包括最愉悅的感覺，否則，我們就無法理解這個世界。這規畫聽起來滿誘人的，不是嗎？在人人都追著飛逝的時光奔跑的日子，難道我們不應該把這樣的宣言當作幸福的保證、而不是致命的缺點嗎？

　　最後，在法國人總是追求享樂又膚淺的陳腔濫調後面，隱藏的也許是一種羨慕，我們甚至敢說這是一種尊敬：「這些神聖的法國人，他們敢做自己，也完全不會不好意思宣揚他們享樂的生活！敬禮！」

就因為先入為主的想法總是存在，我們更應該看穿事情的表面。舉例來說，我們老是覺得法國人花一整天坐在露天咖啡座。的確是啦……但也不完全是這樣。這是因為在法國，人們比較喜歡把工作上的會面安排在熱鬧的地方。一家小酒館，總比面面相覷的辦公室和辦公大樓有人情味多了吧……

餐廳一直到下午兩點都還人山人海？只要時候對了，法國人毫不吝於延長午休時間。但大家也都忘了看看午餐前後，法國人有多認真工作：根據經濟合作暨發展組織（OECD）的調查，法國勞工的生產力在全世界名列前茅。我們的確悠然自得，但絕對不是遊手好閒。

法國人總是想到什麼說什麼？這是真的，但至少內容很明白，這樣總好過表裡不一或漠不關心。他們什麼事都能抱怨？不，他們只是在發揮批判精神而已，這有微妙的不同！他們是沙文主義者嗎？比起以前已經少得多了。新世代對這世界抱持著非常開放的心態，也知道

你知道嗎？

跟大家想的不一樣，法國人自認是幸福的！BVA民調公司在2017年進行的調查顯示，有半數法國人認為自己是幸福的，8%說非常幸福，42%說幸福，對上42%的人認為生活一般，1%說自己非常不幸。根據他們的說法，什麼最能讓他們感覺幸福？

受訪民眾中，93%認為幸福是照顧周圍的人，80%覺得是提升自己的涵養，79%靠的是烹飪，還有其他讓身心和諧的方法：接觸大自然（68%）和從事手作（62%）。看完這些，還會覺得法國人最愛發牢騷嗎？

Pour l'amour
de l'art
藝術的仰慕

法國不是宇宙的中心。仔細注意一下，連公共場合的待客品質都大幅提升。很多餐廳甚至開始使用英語，這在20年前根本是不可能的事。本日的好消息就是：英法百年戰爭終於徹底結束了！

可以肯定的是，讓這典型的生活藝術與眾不同，也讓我們在生活中和幸福並行，唯一的理由，就是我們全都在地球上，好好地活著。就是這種與生俱來的從容，讓世上這麼多人都羨慕法國人。這正是背後有千年文化撐腰的優勢：和所有歷經長久生活、累積經驗的人類一樣，法國人發展出一種智慧和信念，來面對逝去的時間。那不是屈從，而是隨遇而安。要是我們汲汲營營地過活，而錯過自己的人生，那有什麼好的？所以，把握當下吧……

跟姐妹淘一起去逛街購物、看電影、參觀展覽、在小餐館的露天咖啡座試圖改變世界、在大自然為自己充電，都不是在浪費時間，恰恰相反！這些都是給自己時間，讓內在茁壯，是無價之寶。這不是我們應該懊悔的錯誤，而是絕佳的幸運。罪惡感呢，會阻礙我們張開翅膀。多從正面的角度看事情吧，我們可以盡情享受人生，同時品行端正。讓我們在人生中，像那個沿著大道走去的女性一樣，讓自己大開眼界，去品味每一刻。不刻意做作的藝術，只不過是法式幸福的另一個名字而已。

要是法國能夠發揮這樣的魔力，並有某個訊息想傳遞的話，那就是生活的樂趣就在那裡，觸手可及，我們應該好好把握。要說清楚的是：它也在對法國人說話！他們對幸福生活得心應手，但是就跟所有太熟能生巧的人一樣，他們也傾向便宜行事，也因而衍生出不滿、抱怨和悲觀。然而，這卻和他們內在的天性一點都不相配。

重新找回這種小確幸的智慧，有人相伴時的歡愉，分享的愜意，遭遇未知的好奇，面對未來的自信，走在光明、自由空氣中的喜悅，

↑ 蒙馬特的街頭咖啡座和古老磨坊。

我們可以從中獲得許多。如同風景會隨著踏出的每一步而展開，生活帶給我們的，是充實的希望。我們只需要把握時間去看、去欣賞，然後去愛。

⊙ 映襯著夕陽的巴黎亞歷山大三世橋。

人生苦短。但人生也真美麗。
這就是法式幸福的祕密。

結語

夜幕低垂。

你眼前的，是染成粉紅色和赭色的丘陵，蟋蟀的歌聲在日落時響起。桌上的盤子是空的，杯裡則裝滿散發水果香氣的美酒。

你感覺不賴，雖然的確有點累。但你剛陶醉在近郊樹林的美妙漫步，感受到滿滿的活力。百花綻放，你藉機欣賞花冠上的紋路，與花瓣間的色彩遊戲。全世界的美麗都在那裡，就在你眼前。明天，你要和家人去一個棲息在深山的美麗小鎮，準備去遇見偏僻之地的傳說；在一間小餐廳，和家人一起品嘗當地料理。你現在知道了，用餐時間也是充滿喜悅和歡笑的美好時刻，這些都會是將來幸福的回憶。

美麗人生不就是這樣……

要是有哪個國家，伸手就能觸及這種生活的甜美，那就是法國了。豐富的滋味、美麗的風景、與眾人分享的快樂，賦予了共同生活的每一刻，一種獨特的價值。但她也適合沉思、冥想，重返自我。她有令人屏息的風景，也是充滿歷史文化的地方。生氣蓬勃的城市和迷人的大自然。全都在那裡。

　　法國，是讓人能好好生活，也一定會再造訪的國家。它是一張無限期的旅遊邀請函。不只是地理上、也是時空上的旅行，別忘了那些同時呈現在你眼前，既細緻、多變又充沛的感官之旅。法國是引人凝視、傾聽、品嘗、呼吸，並透過觸覺來體會的國家，在這裡，你的五感都將找到意義，讓你到達純粹愉悅的時刻。

　　最後，在法國，你可以徹底做自己。法國是靠你自己體會的國家，根據你遇到的人、你的印象、造訪過的地方，還有你讀過的書。也許只因為一次普通的對話、簡單的眼神交會，你的生活就此天翻地覆。因為法國這個傳統與新趨勢融合共生的國家，是最適合重建自我的地方。因為我們可以慢慢來，如果不好好利用這樣的機會，就太可惜了。

　　一旦我們接受，生活就能變成一連串的日常小旅行。我們稍微繞點路，對不期而遇打開心胸，讓自己大開眼界……世上的美好就在那裡，連綿不斷，我們該對她心悅誠服。

　　祝你有最美好的旅程。

參考書目

探索法國

《法國最美小鎮》（*Les plus beaux villages de France*），Flammarion, 2018

法國最美小鎮協會出版的官方旅遊書，實用並附有大量插圖，遊客可以探索157個村莊；內容編排包括地圖、路線圖、住宿、餐廳、景點及不可錯過的活動等。

《法國旅遊非典型住宿：2019-2020年（*Hébergements insolites en France 2019/20*），Guide du Routard, Hachette, 2019

你是否曾經幻想過睡在樹屋、水上漂浮屋或六呎深的地窖密室？或是在無人島、動物保護區、只離凱旋門兩步的美式鋁殼露營車之間難以抉擇呢？本書提供與眾不同的住宿資訊！

《全新地圖：法國最美綠境與自行車路線》（*Nouvel atlas des plus belles voies vertes et véloroutes de France*），Éditions Ouest-France, 2018

特別為雙輪車愛好者設計的法國最美旅程，附上詳細地圖及觀光景點；更提供適合休憩的自然景點，滿滿實用的建議與資訊。

《法國100個最美的大自然景點》（*Les 100 plus beaux sites sauvages de France*），Éditions Atlas, 2017

從不列塔尼、科西嘉島到蔚藍海岸，100個絕對不能錯過的獨家景點！紅針峰白雪靄靄的山頂、卡馬格寂靜的沙丘、斯孔朵拉色彩繽紛的沿海等。在你的下一次出走，有這麼多秀麗的景象，等待你以不同的方式欣賞與探索。

《我們的私藏週末：別有洞天的法國》（*Nos week-ends coups de cœur : Spécial régions de France*），Géoguide, Prisma Media, 2019

用一本地址簿來選擇你所愛的週末吧，裡面記載著最美的地方、餐廳和旅館，還有節慶活動的行程表，讓你絕不會錯過這些年度盛事。

了解法國

《法國最美博物館，2019年版》（*Les plus beaux musées de France 2019*），Petit Futé, Nouvelles Éditions de l'Université, 2018

精選100座豐富且元的博物館，以年代和收藏品性質仔細分類，例如藝術、汽車、陶瓷、影像等。

《用99條步道走遍法國史》（*L'histoire de France en 99 marches*），Bachelet, J.-L., Arthaud, 2018

在漫步與健行時，記憶會在每個拐彎處湧現。本書跟隨盧梭或二戰時期抗德游擊隊走過的每一步，帶你動身探尋法國的歷史。

《法國的寶藏》（*Trésors de France*），Évin, G., Gaessler, C., Des Racines et des Ailes, Éditions du Chêne, 2017

為了結合鄰近地帶、對世界敞開心胸、保存文化遺產並促進人們的相遇，本書推薦13條發現與再發現法國本土的路線！

《週遊高盧》（*Le tour de Gaule d'Astérix*），Goscinny, R., Uderzo, A., Dargaud, 1965, puis Hachette, 2004

《週遊高盧》讓全高盧最有名的人陪著你，在一趟漫畫的旅程中探索法國……以及法國人。這本書永遠不會過時！

《騎自行車的蘇格拉底：哲學家們的環法自行車賽》（*Socrate à vélo. Le tour de France des philosophes*），Martin, G., Grasset, 2019

深入了解參加環法自行車賽的哲學家！進行有趣的冥想，連結你的身體與心靈。

《法國 幸福》（*Au bonheur la France*），Rioux, J.-P., Biblis, 2016

我們太常忘記法國人在追逐幸福時所用上的驚人天賦，為編織群體生活的無盡喜悅而努力；咖啡吧、腳踏車、朋友間的野餐……都是美好的出走體驗，讓你知道法國人為何總是如此懂得享受人生。

驚豔法國

《文學愛好者的巴黎》（*Paris des amateurs de littérature*），Herber, S., Parigramme, 2018

盡情享受對書本的熱愛，在巴黎是一種不斷推陳出新的喜悅。寫作工作坊、讀書會、文學座談會和漂書等，本書為熱情的讀者與未來的作家，推薦100個必訪之地。

《新科工藝師：顛覆傳統的世代》（*Nouveaux artisans. Portrait d'une génération qui bouscule les codes*），Perruchini, M., Eyrolles, 2018

不管是擁有學歷的社會新鮮人，還是經驗豐富的主管階級，他們辭去無法再讓他們自我成長的工作，親手打造更貼近作品、顧客與傳統的創意活動，也構築了一道連結過往知識與今日創意的橋樑。

《法國手工藝之旅》（*Le tour de France des métiers d'art*），Roudeix, S., La Martinière, 2018

金屬工匠、玻璃吹製工藝、羽毛工藝師傅、馬賽克拼貼匠師……本書讓我們踏上探訪法國工藝之路，與20幾名匠心獨具的師傅面對面。他們因為同樣有追求完美與超越自我的精神，而物以類聚。

品味法國

《全法國最好吃的書：成就你的法式美食偏執》（*On va déguster : la France*，繁體中文版於2019年由三采出版），Gaudry, F.-R., et ses amis, Marabout, 2017

所有你必須具備的法國料理知識：近300個無法分類的主題，還有超過300種食譜，更提供法國每個區域的廚藝總覽。

《法國葡萄酒史》（*Histoire des vins de France*）, Pacaud, S., Goubert, P., De Borée, 2017

法國有各式各樣的葡萄酒莊，每一座都有自己的歷史，是人類與大地，在耐心、努力以及酒品芳香科學中的相遇。對於想完美掌握佳釀所有細節的酒客來說，是必備的參考書。

《時尚巴黎》（*Paris c'est chic*）, Rouge, É., Melin, A., Pasquesoone, Q., Parigramme, 2016

獨樹一格、大膽細緻……真正的巴黎人有這樣的天賦，去開發文創工作者的小店、時空錯置的舊書店、人間美味的餐廳，以及祕密的角落。Doitinparis.com的網站編輯們，會帶你探索巴黎最時尚、最流行的去處。

《真正的巴黎小館：從以前到現在，一直都在的小餐館》（*Au vrai zinc de Paris : bistrots d'antan et de toujours*）, Thomazeau, F., Ageorges, S.,Parigramme, 2018

巴黎魂在小餐館裡沸騰。從清晨的咖啡到夜晚的最後一杯，歡迎來到巴黎最真實的所在……

《代表法國的650道各地特色食譜》（*Les recettes qui font la France : 650 spécialités emblématiques de nos régions*）, Zégierman, F., Flammarion, 2015

品嘗並重新發現法國的650道極具代表性的特色料理，別忘了這些經典菜色！

嬉遊法國

《巴黎之愛圖解事典》（*Dictionnaire amoureux illustré de Paris*）, Estienne d'Orves (d'), N., Plon-Gründ, 2017

在祕密巴黎的私密漫遊，從手風琴、地下墓穴、楚浮到祖卡，有時會讓你驚喜連連。

《法式愛戀與誘惑》（*France de l'amour et des tentations*）, Goumand, A., Belles Balades Éditions, 2017

這是一趟前所未見、橫跨時空的法國熱情之旅，探訪以愛為靈感的文化遺產，從最知名到最冷僻的地點、傳說之地、浪漫愛情的藏匿處，又或是充滿誘惑的場所……

出走法國

《怪奇巴黎》（*Paris bizarre*），Lesbros, D., Parigramme, 2017

在地下酒吧啜飲調酒，參加快閃活動，或是在體育館頂樓翻土種菜……探索內行人的巴黎吧。

《大象的呢喃》（*Les gazouillis des éléphants*），Montpied, B., Éditions du Sandre, 2017

本書為光怪陸離新奇事物的愛好者，介紹一系列由自學者和業餘藝術家籌辦的露天活動地點或小博物館，充滿創意。

《在漆黑的道路上》（*Sur les chemins noirs*），Tesson, S., Gallimard, 2016

探險作家的行路筆記，穿越鮮為人知的荒野法國。訴說旅行的故事，也是回歸初心的日記。

《法國製造的生活》（*Vivre Made in France*），Vautard, C., Éditions du Chêne, 2015

「法國製造」優先！本書帶我們深入品牌與產品的世界，作者探尋超過80家法國公司，包括家具、設計、生活用品、衛生用品、美妝、運動、時尚、兒童世界等產業。

譯註：只有「品味法國」第一本書出了繁體中文版，其他書名皆為暫譯。